コンパクトシティと百貨店の社会学

ー酒田「マリーン５清水屋」をキーにした中心市街地再生ー

仲川 秀樹 著

学文社

序文

中心市街地のシンボル

百貨店の危機、地方商店街の危機、郊外型ショッピングセンター（SC）と量販店進出の加速と全盛、この図式の背景には、社会学でいう歴史的連続性の流れがある。人びとは利便性を求める生活中心に、時間を費やし、余暇時間も増大し、その使い方にメディアに依拠する姿勢がより強固になった。メディアから受けるオブセッションの影響は加速的なそれの動機づけとなった。反面、自己の選択による消費のあり方を持て余すような事態になった。

景気高揚と停滞を経て、一九九〇年代後半以降は、余暇時間の充足のために、目的をもった行動ではなく〝とりあえず～〟という動機による選択範囲が増すことでさらに時間を持て余すことになった。その選択を充たす空間が〝とりあえず空間〟としてのショッピングセンター（以下、SC）であった。とりあえず空間の全盛は首都圏や大都市以上に地方都市の中心市街地に大きな影響を与えてきた。豊富な商品ラインアップ・低価格・まとめ買い・複合型施設、車一台で休日の一日を過ごすことが可能な空間は、利便性中心の家族生活をカバーするには十分な環境となった。

大都市のようなメディア環境に乏しい地方都市では、なおさらSCの勢いは強い。限定的な人口の多くを郊外に引っぱることで、中心市街地と呼ばれた商店街エリアは大きな打撃を受け、店舗閉鎖いわゆるシャッター街現象を増大させた。利便性を求める時代感覚の前では、地方都市の商店街はただ消滅の道をたどる事態しかないのだろうか。

ところが近年、中心市街地に残る人びとの意識が変わった。その世代は、年齢層は、その先にあるのは。つまり安全で安心な、便利な街の必要性である。車を使わずとも一つのエリアで生活を充足できる、SCに求めていた空間を機能させるそんな街の存在である。それが本書でいう「コンパクトシティ」である。

コンパクトシティの対象モデルを、山形県酒田市の中町エリアにおく。市役所・金融機関・百貨店・スーパーそして公園など日常生活に必要な環境すべてが一定エリアにそろう街である。地元では、通称中町商店街と呼んでいる酒田市の中心市街地である。

本書は、SCの影響受け、衰退を続けている地方都市、山形県酒田市の中心市街地である中町商店街にスポットを当てた研究である。中町商店街の現状について、著者はこれまで一〇年近くにわたり調査・研究を続けてきた。継続してきたこれまでの研究成果から見出された中心市街地問題に、一定の答えを出すことを目的としているのが本書である。

コンパクトシティの意義は、地方都市の中心市街地そのものが背負う課題を解明する根底にある。酒田市において、その鍵を握っているのは中心市街地のシンボルとして位置する通称「清水屋百貨店」(中合清水屋店・マリーン5清水屋、正式な表記は本文参照)である。清水屋の存在そのものが中心市街地の利便性を高め、中心市街地を維持する象徴であることを本書では強調し、コンパクトシティのために不可欠なスポットと考える。

したがって本書は、社会学から考える「コンパクトシティ」と「百貨店」であり、酒田中町商店街が、全国有数の中心市街地再生モデルになる可能性を示す研究である。

第1章では、中心市街地とコンパクトシティを社会学の視点から概念規定する。地域社会の衰退・都市化の問題、中心市街地の現実、そこに生じる商店街のシステム問題を見直しながら、コンパクトシティ的な社会の構築の可能性を追っていく。

第2章は、コンパクトシティの機能性を発揮させるために重要な鍵を握る地方都市の百貨店を取り上げる。百貨店をめぐる厳しい状況、揺れ動く地方都市の百貨店、あらたな挑戦を試みる「マリーン5清水屋」。コンパクトシティの中心的役割を果たす現状を探る。

第3章は、百貨店問題を多角的に検証するための、地方都市の百貨店トピックに関する大学生一〇〇〇人調査の分析である。若者たちは、百貨店に何を求め、どのような環境を望んでいるのかを、質的調査から探った。

第4章は、百貨店の重要性とメディア環境を検証したフィールドワークの記録である。二〇〇九年調査の結果を根拠として、二〇一一年に結実した中心市街地シンボル「清水屋百貨店」調査の全容である。

第5章では、予備調査から本調査のフィールドワーク、高校生調査の検証など、酒田の街を歩き、シンポジウムをとおして経験した学生の生の意見を取り上げた。

第6章は、百貨店の存在価値をテーマに開催した「二〇一一年中町シンポジウム」の記録である。学生によるフィールドワークの成果報告、一般市民を交えた「清水屋百貨店」をめぐる議論の総括である。

そして結びでは、百貨店があっての中心市街地、中町商店街の現実を振り返った。「マリーン5清水屋」は、コンパクトシティを完成させるために必要な環境であることに注目し、結びとした。

二〇〇三年から地方都市の研究を開始した。酒田の街を学生たちと何度も何度も歩いた。ユニットをつくり、役割分担を決め、その時々のトピックに合わせ、この街を集中的に探った。中町商店街に限らず、郊外型SCと中心市街地の関係、人の流れ、集まる・集まらない、こうした地域社会の構図は、当たり前のように歴史のなかで定着していった。この問題に対処する手段や方策はないのだろうか、時が過ぎ去った。この間、量的調査・ヒアリング・質的調査、そしてフィールドワークをとおして分析を続けた。その結果は、既刊三冊の著書に記したとおりである。

酒田市の中心市街地中町商店街の退潮は長く続き、衰退は当然のように語り継がれてきた。それも帰属処理的に解決も見出さず、関係者でさえ、目先の行事やメディア露出ばかりを優先的な仕事として年月を過ごしてきた。その間、郊外型SCの勢いは目を見張るばかり、ごっそりと客も奪われ、閉店を余儀なくする店舗の増加だけが目立った。さらに先行き不安のなか、二〇一一年の年明けに、中心市街地に位置する百貨店の撤退が、百貨店本社から表明された。

その表明から一一ヶ月が過ぎ、撤退表明の百貨店を再構築し、中心市街地の伝統を継続しなければという姿勢を貫きながらあらたな百貨店の構築をめざしているのは、本書で取り上げた「マリーン5清水屋」である。SCの高い波を受けながら、中心市街地の伝統を守ろうと奔走するスタッフの姿には、百貨店のプライドを感じとった。

中心市街地の百貨店撤退を覆し、SCとの差別化を図りながら、地元に根ざした百貨店形成の過程を追っている研究の最中に浮上したのがコンパクトシティ構想だった。コンパクトシティの条件は既に揃っている街、それが酒田の中町である。あらたなコンパクトシティ的な空間構築の鍵を握っているのが百貨店「マリーン5清水屋」である。百貨店の存在が地方都市の中心市街地再構築の救世主になるのだろうか。

本書は、中心市街地再生の切り札的視点として、コンパクトシティの考えを提起してみた。「コンパクトシティ」には「百貨店」環境が不可欠。その一つの結論を導き出すものである。

本書の刊行にあたり、多くの方々にサポートいただいた。毎回のことながら、酒田市の行政機関の方々にはお世話になりました。シンポジウム開催にあたり、酒田市商工観光部の小野直樹部長、スタッフの方々は、広報活動に積極的に関与してくださいました。株式会社平野新聞舗の平野宣代表取締役社長関係スタッフの皆さんにもお世話になりました。

マスコミ関係では、予備調査からシンポジウムの一連の研究過程を温かく見守ってくださった、山形新聞酒田支社の佐藤正則編集部長、荘内日報酒田支社の堀裕記者。お二人にはつねに確信的なサポートをいただきました。

中心市街地中町商店街関係者の皆さんからのご協力もありました。とくに、ジェラートモアレの菅野信一氏は、次世代の中町を真剣に考えられ、著者の研究にもそれが反映されました。コンパクトシティのヒントは菅野氏のご教示によるところが大きいと思います。同じく、S-Produceの関浩一プロデューサーの存在は、酒田の街を歩くにはもっとも必要なキーパーソンで今回も連日お世話になりました。

そして研究活動にあたり、最大の原動力になったのは、「マリーン5清水屋」スタッフ皆さんの優しさでした。シンポジウムの会場提供、予備調査・本調査一連の調査協力は多大でした。代表して、清水屋百貨店の中山洋店長、太田敬副店長、辻繁記部長、佐々木健次長の方々をはじめ清水屋の皆さんの学生サポートには感謝の言葉がございません。

そして何より中心市街地を救うべく奔走し続ける、マリーン5清水屋の成澤五一代表取締役社長の存在、そしていつも真剣に街を考える、菅原種生常務取締役のお二人にはあらためて感謝の言葉を申し上げます。

清水屋にとって激動の二〇一一年でしたが、素晴らしい日々もありました。成澤社長のモットーである百貨店の「お客様への感動させる店」「おもてなしの心」をもって学生や著者たちをバックアップしてくださった日々は決してわすれません。ありがとうございました。

本書の根底には、二〇一〇年日本大学仲川ゼミナール（マスコミ基礎研究）ゼミ長の千野れいか、ゼミ長代行の原田怜子さんお二人の献身的なゼミ活動へのサポートがありました。在学中に何度も酒田を訪れ、酒田の街を歩き、中心市街地の重要性を語り続けました。お二人は、二〇一一年三月に卒業しましたが、後輩のゼミ生たちにアドバイスを送り続けてくれました。また、二〇一一年ゼミ長の酒井菜摘さんをはじめとする、現役ゼミ生の皆さんと酒田と大学で研究活動を過ごした時間もわすれません。

最後になりました、調査研究から企画の段階を経て、本書が出版できるのは学文社の田中千津子社長のおかげです。時間的に余裕のないなかでの刊行になりながら、本研究の重要性にご理解いただき、本書の刊行にこぎ着けました。感謝でいっぱいです。

こうして本書の刊行は、たくさんの方々のご協力とご教示があったからです。ここに心から感謝の言葉を申し上げます。本当にありがとうございました。

二〇一一年一一月

仲川　秀樹

目次

コンパクトシティと百貨店の社会学

―酒田「マリーン5清水屋」をキーにした中心市街地再生―

第2章　中心市街地のシンボル「百貨店」……23

第3章　百貨店のトピックに関する大学生一〇〇〇人調査…………51

第4章　百貨店の重要性とメディア環境の検証

第1章 中心市街地とコンパクトシティ

第1節 社会学から考えるコンパクトシティ

1 地域社会の源流

♣地域社会を考える

人間の分布を生物における生態系の過程から発展していくという考えに、人間生態学(human ecology)という理論がある。(1) 都市社会学を源流とした考え方で、地域社会を分析する方法論としても用いることができる。県民性や地域性と一般に呼ばれている背景には、人間の共同体意識や帰属意識などの属性をみることができて、きわめて生物学的な要素が含まれている。さらに人間集団であるために組織性や階層構造的な特質もみることができる。

地域社会は都市との比較で考えられる。大都市と地方都市、地方都市でも市街地と郡部とい

---

(1) Park,R., 1916."The City Environment", *AJS*, XX, pp.572-612.(鈴木 広、一九七八年『都市化の社会学』誠信書房、五七ページ)

う区分も存在する。また、都市と村落という区別もあり、過疎と過密の関係性でも論じられてきた。一方に人が集中すれば、一方は人が減少するという図式で都市と地域は関係づけられてきた。

アメリカの都市社会学者であるR・パークによれば、都市は単に個人の集まりでも道路や建物や電灯や軌道や電話などの社会的な施設の集まりでもなく、それ以上の何ものかである。むしろ都市とは、心の状態であり、慣習や伝統や、またこれらの慣習のなかに本来含まれ、この伝統とともに伝達される、組織された態度や感情の集合体である。いいかえれば、都市は単なる物質的な機構でもなければ人工的な建造物でもない。都市はそれを構成している人びとの活気ある生活過程に含まれており、いわば自然の産物、とくに人間性の所産なのである。(2)

このパークの指摘によれば、都市は「人間の集合体」「人びとの集まり」である考えが明らかである。精神的なつながりが、心の状態であり、第一次的な感情でその地域に根差した、伝統とか慣習という文化的側面を継承していくことが必然とされていた。

♣地域社会の変化

地域社会はきわめて親密な人間関係による第一次的な社会である。それゆえ以前は、村落社会と呼ばれ、良好な村落共同体を形成していた。一般に地域社会とは、一定範囲の領域(territory)の上に、人間の生活上の社会関係が集積している状態を意味する。かつての村落社会を意味するムラの存在は、地域社会の典型であった。ムラ社会特有の慣習があり、外部の人間がそのなかに入ることは、抵抗もあり困難をきたしたことは歴史がものがたっている。内的には、伝統的な慣習によって秩序は維持され、背くものは習俗によってある種の社会的な制裁

(2) 同上書、五七－五八ページ。

が加えられ、ムラは維持されてきた。内部には家族的・内向的な反面、外部に対しては閉鎖的・排他的な側面があった。

しかし今日の村落社会は、ムラ的な要素はほとんど姿を消し、あらたな人間関係と社会関係が集積された地域社会となり、そこには地域共同体とするコミュニティが形成された。

村を棄てて都会へ進む流れはありながらも、村落社会とムラ的部分を地域文化として受け継ぎ、観光などムラをウリにする取り組みもなされている。まちおこしならぬ村おこしのようなことだ。

都市化する村落的地域社会

ムラ的な意味での村落は姿を消してはきたが、ある一定の伝統や慣習はいまなお地域には存在している。潜在的に人間がもつ外部への閉鎖的な慎重性のようなものは高齢者に見受けられるが、若者はむしろ都会以上に開放的だ(3)。すでに村落的な見方は限定的で、いまでは地域性とか地域意識といった次元で語られることが多い。さらに村落的なものは、地域特有の精神文化や伝統文化として、アーカイブ的な価値をもち保存され、継承されている現状がある。

地域社会の都市化の浸透は、今日のメディア事情も絡み、大都市にはない側面もみせるようになった。若者を中心にメディアから対象を直接的に受けるスタイルがそれである。ダイレクトに対象モデルを受け入れ、大都市に住む若者以上にファッション・スタイルの派手さをみることが多い(4)。都市化そのものは大都市の生活様式の地域に浸透する過程という意味合いから、マスコミに登場するホットなライフ・スタイルを模倣し、そのモデルを選択して楽しむ生活へと変化している。地域社会には都市化に応える消費環境の積極的な消費構造をみることができる。

---

(3) 閉鎖的な空間を脱出するために余暇時間は中心部に集まる。

(4) メディアから情報をダイレクトに受けた直接的ファッションに走る傾向。

♣都市化の矛盾

都市化の定着がもたらしたものは、ある意味地域社会の分断であった。人びとは、ローカル・コミュニケーションが機能する中心市街地から、大量に物資と娯楽を消費する郊外SCへ移動したことである。中心商店街とSCは共存・並列せず、一方の消費を吸収することを優先とした、弱肉強食世界であった。両者を善悪の判断基準で論じるのではなく、共存か競合かの二者択一の歴史をつくってしまった事実にある。

利便性と機能的要件充足の側面を完備したSCは、消費者に支持され、巨大化していった。ほぼ一か所のエリアで莫大な収益を得る状況つくりだした。当然の結果であった。都市化とはどの地域に居住しても大都市と変わらぬ利便性を得ていること。同じ生活様式を満たしていること。それを理想とするには、大都市と同じ資源を獲得することが絶対条件となる。それをそろえるには大量の物資をあつかい安価に提供するSCということになる。

SCは、食と娯楽施設が充実している。大都市とネットワークを組んだチェーン店を設置、消費者の嗜好に応えるといった具合だ。SCが一人勝ちしていることは、多くの消費者に認められている事実である。それを批判する理由はない。

ここで問題にしたいのは、両者における二者択一の歴史である。人がいるかいないかで勝敗を決する。なぜこんな表記をするかといえば、両者の比較は長くマスコミによってもたらされてきた現実である。「SC一人勝ち、商店街衰退」、このくり返しというかメディアのコピーこそ、都市化がもたらした矛盾ではあるまいか。都市化という響きは確かにいい。人びとが便利で快適な生活を公平に送れるような意識になる。しかし、現実は否応なく地域を分断する結果をもたらした。中心市街地に見向きもしなくなったことだ。「すべてSCで済む。中心市街地なんか何もないから」[5]。ますます若者を中心に中心市街地は衰退していくのか。

♣中心市街地もまた地域社会

大規模ＳＣの利便性は地方都市でも十分に機能している。ところがその利便性は、大都市と変わらぬ渋滞や混雑を引き起こしているのもまた事実。休日になれば駐車場の満車とレジの行列、ＳＣ側にとっては申し分ないが、その状態に抵抗ある人びともまた多い。地方になればなるほどＳＣの立地場所は、中心市街地から離れている。車は必需品。地方では車なしに生活はできない。村落的要素をもった地域社会ほどそれは顕著である。

村落的な下地をもった地域社会とは別に、各都市の中心市街地もまたその対象である。こちらは地域コミュニティという性格から、ほぼ日常生活をカバーできる周辺環境に居住する人たちが多い。消費生活をカバーするには大都市より便利な部分も多々ある。大都市の支社や支店が置かれ、行政・スーパー・医療機関が完備されていれば、渋滞などの混雑から緩和された生活が可能になる[6]。さらに、百貨店のようにブランド品をあつかい、各種の催しというエンタテインメントを提供する環境があれば、日常プラスの充足を可能にした地域社会である。これこそ利便性をもつ地域社会、つまり本書でいうコンパクトシティである。

2　コンパクトシティを考える

♣コンパクトシティとは

これまでコンパクトシティに関しては、行政機関による提言を中心に、景観や建造物のあり

(5) 仲川秀樹、二〇一〇年、『おしゃれとカワイイの社会学―酒田の街と都市の若者文化―』学文社、六五ページ。

(6) 県庁所在地の一区エリアとは異なる。

方など、主に建築学的なまちづくりの観点からの取り組みが主流であった。安全なまちづくりに必要な道路や建物というインフラ整備の意味合いの強いものであった。

本書では、地域社会に住む人間の行動や生活にかかわり、利便性やアメニティ性を背景としたコンパクトシティを考える。社会学的視点からその概念を規定して論じてみたい。まずコンパクトシティを、「その地域の中心市街地として、行政機関や商店街機能が存在し、ローカル・コミュニケーションも成立する利便性の構築された街」と概念規定する。そこには第一次的な人間関係と徒歩による日常生活が可能であり、基本的なライフ・スタイルを充足した空間である。補足的には、大規模な医療機関とスーパー、そしてエンタテインメントをともなう百貨店環境が備わっているエリアである。

この概念によるコンパクトシティは、今日では、衰退していく中心市街地とその商店街に近く、歴史的に逆行しているといわれかねない。しかしこの既存の中心市街地こそ、いまもっとも必要とされている安全で安心で、便利な機能を有する地域社会そのものと考える。

♣コンパクトシティ登場の社会的背景

かつての中心商店街は皆こうした機能をもつ環境にあった。その地域の中心市街地であるためコンパクトながら必要な施設はそろっていた。何も不思議なことではなく、地域社会の原初的形態こそ、いまもっとも人びとに必要なことだと再認識したいのである。なぜなら今日は、地域共同体なくして生活が成り立たない環境になってしまったからである。一九九二年を境に、一八歳人口の減少、高齢化社会が加速的に進み、家族内でサポートしてくれる人材は乏しくなり、家族機能を外部に求めなければならない事態へと移行した。

小世帯・小家族として生活する上で住みやすい環境こそ、ローカル・コミュニケーションが備わったコンパクトシティ的な街であろう。誰もが必要としている環境に応えるべくして登場するのは歴史的連続性の賜物であろう。(7)

♣社会学で考えるコンパクトシティ

ふたたび、地域社会論にもどりたい。パークのいうように、都市は、単なる社会施設の集まりではない。それ以上の何ものかであるというのは、心の状態に絡み、それを構成している人びとの活気ある生活過程に含まれる人間性の所産であると。もっと簡潔にいえば快適な日常生活を過ごす場所と人びとの集まりである。人びとが行動することは何か目的や動機があり、それを充たす条件を何かに求める。それが完結して一つの行動を終える。そのくり返しであり、それが人間の人生でもある。目的や動機の一つでも満足に処理することはストレスを生み出さず、スムーズな社会生活を送ることになる。

社会学で考える行為次元とはそのように完結する過程をいう。それに適応させたまちづくりの根底をコンパクトシティの概念に求めたのである。

♣人びとが集まる空間

快適な場所には人が集まってくる。集まる目的は共通しているかもしれないが、その方法論は各自異なるであろう。それは何ら問題のないこと。必要なのは個人や集団が自分の目的を充足させられるか否かである。仕事以外で人びとが集まる空間を考えよう。それは帰属や属性によっても大きく異なるであろうし、関心や興味の度合いもあろう。だから目的のジャンルやカ

(7) 第一次的な人間関係の下で日常のコミュニケーションが可能。

テゴリーによっても見方は違う。ここでは日常のレベルで考えよう。自宅から半日で戻れる距離に限定する、宿泊をともなう非日常は入らないとする。

地方都市で考えよう。休日の過ごし方をみてみよう。出かける目的を考えてみよう。それは毎週末あるいは毎週めぐってくる休日の過ごし方である。結論は先に申し上げたようにSCの一人勝ち。SCには出かける魅力があるとしよう。その魅力とは、「とりあえず空間」だからと考えたい。[8]人間はとりあえず～、行動する。

第2節　中心市街地の現実とコンパクトシティへ向けて

1　酒田中町商店街で構成するコンパクトシティ

♧中心市街地を構成する2つの商店街

全長約八〇〇メートルにわたり展開する通称中町商店街（大通り商店街・中通り商店街・中町中和会）は、酒田市の中心部に位置するいわゆる中心市街地を構成しているエリアである。一般的には、大通りと中通りの交差する東側から市内の名所「日和山公園」をつなぐラインを結ぶストリートである。

通称中町商店街といわれているが、現実は二つの商店街が独自の店舗運営を繰り広げている。年に数回、合同のチラシを打ち、商店街イベントを企画することもあるが、チラシを見る限り、

(8) 仲川秀樹、二〇〇五年『メディア文化の街とアイドル―酒田中町商店街「グリーン・ハウス」「SHIP」から中心市街地活性化へ―』、学陽書房、二六一ページ。

二つのエリアが分化されたスタイルで実施されることが多い。中町商店街と呼ばれながら、アーケードに沿った中通り商店街は、地元方言を駆使したのれんや提灯を下げることなど独自性を打ち出している。一方、中町中和会は、中町モールと呼ばれるセーフティゾーンに酒田のシンボル「獅子頭」を両側に設置、モール東側にはミニチュアの日和山にある灯台のモニュメントも備えられている。(9) さらにモールを過ぎて、柳小路を超えた市の再開発によって整備されたサンタウンエリアが続く。その先は、日和山公園、酒田港に通じる。

中町商店街は事実上、二つの商店街が連続してメインストリートを形成していることになる。アーケード街からモールそしてバリアフリーのサンタウン広場と、趣向を凝らした中心市街地をみることができる。その違いははじめて酒田を訪れた人でも理解できよう。

とにかく地方都市とはいえ、清潔できれいなストリートである。酒田大火以降復興した街づくりの成果でもある。(10)

♧中町商店街のジレンマ

現実的に中町商店街は、きれいな街並みであるものの、人がいない、とくに中通り側には閉店した店舗いわゆるシャッター街が集中している。この風景は中心市街地の衰退を象徴的にあらわし、メディアでの映像写体になることも多い。店舗はありながらもところどころ、空き店舗が連続した状況で、商店街を形成している問題部分も多い。そんな現実をものともせず、商店街と名乗り、イベント企画など積極的姿勢で盛り上がりを図っているスタイルが特徴である。

店舗数が少ないということは、事実、一部分で硬直化した運営になりえる問題をかかえる。商店街全体構想より個人の部分に趣がおかれてしまう。とくに顕著なのは道路の問題であり、

(9) 酒田日和山公園にある日本最古の木造づくりの灯台のミニチュア版、大人三人は入れる。本書の表紙カバーを参照。

(10) 中通り商店街は、アーケード式ストリートで、伝統的なスタイル。中町中和会はオープン式バリアフリーで、現代的スタイル。

二つの商店街の温度差が気にかかる。中町商店街は、複数の商店街がオリジナルな方針を打ち出し、中心市街地を形成し、メリハリある環境をつくりだしていった。反面、共有部分の問題になると双方の主張などが入り、ジレンマに陥ってしまうのが課題である。

中町商店街がもつジレンマを有効な方法に代えるのは、コンパクトシティにみる役割分化である。商店街の個人化を逆に利用し、日常生活をユニット別に機能させることだ。

♣商店街の個人化機能

本来、商店を営む経営者は個人のスタイルで店舗運営するのが必然である。その個人の展開する店舗のユニットが集まり、商店街が形成されてきた。そこには日常生活に対応する基本的な機能が備わっている。中町商店街の特徴は老舗と呼ばれる各ジャンルのお店が集中していることだ。このエリアですべての用事が足りるということ。各地域にある小規模な商店街ではないことも特徴である。大都市のファッション・ストリートに近く、逆に地方都市のローカル・ストリートよりはかなり充実している。[11] それゆえに商店街の個人化の強さも表出し、閉店した店舗が周囲にありながらも、見た目ほど商店街は衰退していない現実を知ることも必要だ。

個人化機能が強いということは、商店街別スタイルも強固で、年間を通した各種イベントには商店街の性格は明確にあらわれる。それを統括するのが各商店街理事長である。ある意味、理事長のスタイルがもっとも表れるのが商店街であり、イベントに反映される。それはプラスにもマイナスにも作用される。コンパクトシティの取り組みには、商店街の個人化がユニットとして機能するため、その体系化確立に各商店街のまとまりは重要であり、全体を左右することになる。

---

(11) 仲川秀樹、二〇〇五年、六三ページ。

2 中町商店街の空間

♣一般化された課題

中心市街地をめぐっては、どうしても一九七六年の酒田大火以前の賑わいと、大火以降の復興後のあり方に一般化されてしまった。以前か以後か、大火があったから、大火がなかったら、すべての理由をそこに収斂してしまった感がある。それ以降の中町をめぐる問題は、酒田大火以前の賑わいをいかに取り戻し、魅力的な街にすることが至上命題となった。しかし、復興につぎ込んだ多大な時間によって余裕がなくなってしまった。余裕とは、復興後の対応である。復興までの集中は、それが完成した時点で、終わってしまったのか。街がきれいになることで満足したわけではないが、

二一世紀も二〇一一年に突入し、商店街本来の動きを試行錯誤しながらも、SCに比較され続けてきた。独自のイベントや集客のために斬新なアイディア満載の試みもおこなわれてきた。内容は興味ある取り組みが多く、全国的も話題になった。仕掛けについても十分だった。ところがなかなか結果が出せないジレンマである。現実に何が必要で何が不足していたのか。三五年が経過したいまも、一般化された前提によって、帰属処理されているところに、越えられないハードルがあるのも事実である。(12)

♣商店街の機能再考

あらためて商店街を考えてみると、日常生活に必要な環境を消費できる空間である。付加価

(12) おくりびとロケ地つまみぐい探訪や、方言のれんなど話題性があっても集客に結びつかない。

値をつけるなら、非日常の消費も可能ということ。重要なのは非日常に対応する機能的要件充足の場を商店街環境に求める。それが本章で取り上げる百貨店の存在である。百貨店は中心市街地にいながらに、日常プラス付加価値を満たすことができる。コンパクトシティに欠くことのできない施設。百貨店のイベント開催にあわせ、商店街も日常から非日常の場所になる。さらに、中心市市街地の位置づけにより伝統的行事（四大まつり）メインエリアになるため、非日常は増えることになる。この部分に商店街の機能を再考する要素が内在しているように思う。

♣特定化している階層

大都市のような人口の多い場所では、様々な年齢層や所得層、若者・高齢者がひしめきあっている。多様な社会的属性をみることができよう。ところが、酒田の階層は特定化している。一〇代終わりから三〇代にかけての層が少なく、四〇代以上の層が主流だ。[13] これは何を意味しているのだろう。それは市民の行動パターンに反映されることだ。そのパターンとは非日常の過ごし方にみることができる。

たとえば、年間をとおして開催されるさまざまな行事において、そこに参加するメンバーに共通性が存在すること。趣味・趣向が同じならば、それを充足する人たちも共通であること。年間イベントはカテゴリーごとにパターンが完成している。それは固定層を対象とするため、別にめずらしいことではない。

ただし、メインイベント終了後の各個人の行動が重要である。帰宅までのあいだの行動は、どのようなルートによるものになるのか。そこから中心市街地に足を運ぶことは可能であろうか。その点を問題にしたい。階層が特定化していることは、目的（消費行動）もある意味、特

(13) 高校を卒業し、進学した若者は、最低四年間もどらない。さらに就職などで空白の世代になる。

定できると思う。

♣商店街の目的別空間化

二〇〇九年に清水屋特設会場で開催した学生によるフリーマーケット当日のできごとを参考にしたい。九月の連休中の週末、市内中高生の体育大会が各会場でおこなわれていた。当日、午前一〇時に開店した若者向けのフリーマーケットに、中高生はほとんど姿をみせなかった。午後三時を過ぎた頃、中高生と思われる若者たちが清水屋に入店し、店内をまわっていた。さりげなく学生たちがその行動に注目していたら、複数のパターンをみることができた。

学生のフリーマーケットに顔を出してくれた中高生たち。個人よりも三人～五人のグループが多く、親と一緒の生徒もみられた。運動着姿が多く、体育大会終了後というのは確認できた。つぎに、清水屋に入店して、1F食品コーナーでペットボトルなどを購入するだけの中高生、5Fゲームコーナーでプリクラの撮影をしてすぐに帰る中高生。これははっきりとしていた。長居は無用で、目的を遂行してお店を出ていった。

ここで考えたいのは、商店街の目的別空間化である。一般に地方の中高生は部活動をしている場合が多い。平日は練習、週末は試合など、行動は一定している。それ以外は学習などの時間に費やされることが多い。そんな生活において唯一の余暇時間をどのように過ごすのだろう。高校生調査で明らかになったように、一番の楽しみは、「友だちと話したりする時間」であった。(14) それに応える環境を商店街エリアでも提供する取り組みも必要であろう。しばしの友人どうしのコミュニケーション空間である。

部活動の大会が終わりホッと一息をとる場所、放課後帰宅までのあいだ会話する場所、そん

(14) 仲川秀樹（二〇一〇年）、前掲書、六八ページ。

な空間を中町にあったらという高校生調査の結果に目的別空間化の必要性を感じた。

第3節　コンパクトシティをめぐるシステム問題

1　スタンダードな視点から中心市街地をみる

♣中心市街地の基本的な課題

中心市街地のシステム問題から分析する。「中心市街地でかかえている問題は何か」。「何が問題になっているのか」。「どのような対応が必要なのか」。スタンダードな視点によって、中心市街地にアプローチすることである。そこで、簡潔に課題へ接近してみたい。

①中心市街地の問題をマイナスとしてのみ語ること自体が問題

中心市街地である中町の衰退を当然のように考えると周囲がみえなくなる。SCが賑やかな部分のみに気をとられている。中町以外の離れた地域の周辺町村ではオリジナルなウリを考えている。(15) それはその地域の活気という条件となる。地産地消の原点はそうした地域に多い。SC意識より中心市街地のメリットを前面に考える。

②中心市街地の衰退は中心市街だけの問題なのか

中心市街地の衰退を既成事実化していないか。全国いたるところの中心市街地や中心商店街の現状を同一次元において、衰退は当然の流れのように帰属処理化していないのか。郊外SC

(15)　平田町の赤ネギのような、地域に特化した商品の提供。

との関係を、全国的な流れでみることも確かに必要。しかしそれが商店街は衰退し、人が集まらないという旧態依然のイメージに同化させ、将来の展望はないかのように決めつける要因となっている。ゆえに商店街自身、他の商店街との同調意識のみに傾斜し、地元の地域性に沿った差別化を図ろうとしていないのではないか。地域住民のライフ・スタイルを研究し、それに応える消費空間を考えるべき。

③中心商店街ではなく、郊外SCで満足されるものとは

ＳＣの基本型は、利便性をともなった消費空間を実現させていること。生活レベルの多忙さを解消させる大量購入スタイルの浸透である。消費行動でもっとも大変なのは食料品確保にある。ＳＣにはそれを満足させる条件がそろっている。

人間関係も気にせず、わずらわしさもなく、個人のペースで行動可能。大量生産・大量消費に応えながら時代の流れに沿ったファストライフの反映である。(16)

④郊外SCではなく、中心商店街で満足されるものとは

「消費」イコール「付加価値」を物質的なサービスよりも、精神的なサービスで考える。消費を目的としながらも、商品を媒体として生じる人間関係も楽しむことにある。商店街に求められるのは、付加価値をともなうコミュニケーションエリアとしての機能である。伝統的な生活様式を背景に消費の意味を考えるスローライフの条件に沿ったものである。(17)

⑤中心商店街の役割は何だったのか

商店街の機能は、日常的消費次元を目的とすることにあった。そこに分布している居住者の消費をサポートするためにあった。そこで生活する人をカバーする条件を備えていたのが商店街機能である。限定されていた空間の時代だからこそ商店街の有効性は発揮されていた。商店

(16) 生活の個人化。

(17) 親密なわれわれ意識による地域コミュニティ。

街がある、それだけでよかった。今日であればコンビニにその機能が収斂されている。それに対する商店街の対応はいかにあるべきなのか。

⑥中心商店街の果たす役割とは

既存の商店街機能以外に、そこに集まる人に特別の空間を提供することにあった。中心商店街とは、ローカル・コミュニケーションのみの一般商店街とは異なり、専門商店街が並び、ショッピングも楽しめた。むしろ非日常的な生活消費の場所としての位置づけが顕著だった。酒田の中町商店街はそうしたファッション・ストリートを形成していた。[18] エンタテイメント性の高い場所として、文化的な風を送り込む役割も果たしていた。いま、それに応えた役割をどのように果たしているのか。

♣中心商店街ユニットの集まりはコンパクトシティ機能

日常的消費の場も継続させながら複数の機能ももたせる。消費嗜好も分化した現状に合わせることで、より今日的システムに適応した機能に移行することを考える。商店街の機能的分化、つまり年齢や嗜好などに応じた細分化を確立する。社会システムが変化しているなかで、コミュニケーション空間として存続させるべきものは各種のイベントに特定し、文化的に再生産した運営も考える。

商店街各店舗独自のユニットによる動きは、そのまとまりとしての商店街を構成し、既存の公的機関との共存により、コンパクトシティの機能が発生する。新旧システムを並存させることで、多様化に適応した商店街機能の整備となる。コンパクトなまちづくりが進む。他の地域のまちおこしを模倣するものではない。日常性が反映されれば人の出入りが活発になる。中心商店街に快適さと利便性をあわせもつ、明確なテーマを打ち出す。必要なのはその地域のオリ

---

(18) 「中町ファッション」を形成したストリート。

ジナル性を機能させること。

♣システムに適応させるために中心商店街に必要な試みとは

日用品の買物のためには、商店街に人は集まらないというが、その地域に住んでいる人たちにとっては日常の消費空間である。本来の商店街機能から考えたら別に問題はない。階層分化による目的別行動を把握していないと「商店街には人が集まらない」という結論にいたる。しかし、これは大きな間違いである(19)。

「新旧社会システムへの適応範囲の見直し」を考える。そして「階層分化を認識し、再構成する」ことである。人が歩いているかいないかの判断基準は誤りである。SCと駐車場規模を比較して、商店街の駐車場を論じて何の意味があろう。適正規模に沿った分析が必要である。商店街に行列とか満員の状態をイメージし過ぎることに混乱の原因がある。中心市街地の混みようは、百貨店の催事有無によっても違うし、地域の年間行事開催によっても大きく異なる(20)。そこで、中心市街地に必要な試みを提示していきたい。

2　コンパクトシティ的空間構築とは

♣きわめてオーソドックスに課題の処理

その解決策とは、きわめて単純なことかもしれない。なぜなら、浮上した地域社会をめぐる課題がオーソドックスなのである。快適性と利便性の融合する場面をそれぞれの対象地域、あるいはその社会システムに適応させれば、課題の処理はスムーズに進む。単純でありオーソドッ

(19) 日常レベルでの商品選択（消費単価・商品構成）による目的消費の場である。

(20) 大量に商品と人をさばく消費スタイルと、個人の消費と各種の催事などの目的消費スタイルの違い。

クであるがゆえに長いあいだ課題の解決が放置されてきたことは否めない。したがって、いざ関係者が集中的に取り組めばその解決は早いはずである。

具体的なポイントはつぎのとおりである。

①コンパクトシティの条件

酒田市の中心街活性化をめざす関係者は、大都市というメインを追うことだけに固執してしまったように思う。それに対して、酒田市周辺の町村は、自分たちのウリは何かということをよく把握していた。全国的に独自性をもつ商品を認識し、その生産体制を確立している。農産物に限らず自然を武器にしたモデルの数々は、周辺町村のオリジナリティになっている。酒田市中心街のセールスポイントは何であろうか。ウリは多数ある。

②中心市街地の「文化」を活かす

結論としては、中町商店街を衰退のフレームでみない。旧態依然としたイメージを払拭する方法を早急に実施すること。中町商店街に関していえば、質的調査で学生たちが望む商店街のポイントはクリアしている。あとは外的なイメージを変えるだけであろう。全国的な流れのなかで、商店街が元気な街が必ず維持しているもの、それは「文化」である。郊外と中心街を比較した場合、歴史と伝統に根ざした文化はどちらに傾いているであろう。それを上手に活用すること。中心市街地中町商店街には「文化」がある。

③郊外型ショップで充足される「歴史的流れ」

郊外型ショップの勢いは、第二次大量消費に消費者の欲求が合致したこと。八〇年代の景気高揚がもたらしたライフ・スタイルは、郊外型ショップに適した消費行動を確立してしまった。歴史的にも仕方のない流れであった。商店街はなすすべもなかった。しかし、流れはマイブームをともなった分化的消費選択に移行してきた。じっくり消費を楽しむスタイルを満たす空間は商店街にある。

④中心市街地で充足される「文化的側面の重視」

これまで置き去りにされてきた文化的な側面の充実である。酒田大火で中心市街地のメディア環境は大打撃を受けた。それ以降、物質的な復興が中心となり、文化的な側面は遅れをともなった。反対に本来商店街が担うべき文化を郊外型ショップが実現してきた。大駐車場を会場として開催したイベントの数々を、商店街はただみているだけであった。商店街が企画すべきイベントを再考すべきであろう。これは質的調査で学生たちが強く指摘している点である。

⑤商店街の存在理由「基本的消費生活の場」

商店街は長きにわたり、日常的な消費生活の場だった。しかしその空間が、突如そうでなくなった。それをバイパス沿いが主流だとか、立地条件の差だとか、究極は駐車場問題ばかりに責任を押し付けた。そんな短絡的帰属処理で片づけたまま時間だけが過ぎ去った。いま一度、お祭りの縁日をみるようなスタイルの基本的消費生活の場としての地位を確立すべきである。そのためには、中心市街地とくに商店街に「とりあえず」というモラトリアムな空間を提供することである。

⑥中心市街地の存在をかけた「非日常の再構築」

結論としては、非日常の空間としての再構築を含めた文化的な役割を果たしていくことである。日常の人びとと、非日常の人びとの選択肢を分化した対応を試みる。

♧ゆがみを解消する方策

人が集まるのはそこに人びとの欲求を満たしてくれるテーマが存在しているからである。ただしそのテーマは、どの階層の人たちを対象とするのかを正確に把握しておく必要がある。また、客層を特定し、絞り込むべきものなのか、客層の対象を広げたターゲットにするのか、テーマ(要素)選択は、対象によっても異なる。地域商店街の機能を郊外型ショップに適応させれば済むというわけではない。

「新旧社会システムへの適応範囲の見直し」と「新旧社会システムのゆがみを取り除き」、本来の地域商店街の機能構築をめざすこと。そして、それに沿った条件づくりにとりかかること。つまり本書で何度も検証し、浮上した課題を、オーソドックスな方法で処理することにほかならない。その方法こそ、酒田に根ざした伝統や娯楽性をもつメディア文化を尊重したスタイルを反映させたものである。

♧コンパクトシティ構築の機能的要件充足

オーソドックスに課題の処理を、きわめて単純に考えることも可能。日常生活と非日常生活がバランスよく成立するのが根底にある。行政機関・医療機関・金融機関・スーパー・食堂・喫茶店という日常の場。プラス非日常の場を演出する「百貨店」の存在。娯楽的エンタテインメントに関する空間を提供し、それを楽しむことができる。

徒歩の範囲でカバーできる条件がそろうエリアは、コンパクトシティとして十分に生成できる機能を備えた地域社会である。中心市街地の中町商店街は、コンパクトシティの可能性を秘めた空間。その鍵を握るのは、「マリーン5清水屋」百貨店と考える。(21)

---

(21) 百貨店のエンタテインメント機能の充足で可能。

そこで、第2章以降は、中心市街地のシンボルとしての「百貨店」をめぐる周辺を分析し、問題点や課題を探りたい。実証的研究を根拠にしながら、コンパクトシティの中心的役割を果たすために、「百貨店」に望むものなど、酒田市の地域性をふまえながら体系的に論じていく。

〈参考文献〉

・ソローキン・ツインマーマン（京野正樹訳）、一九四〇年、『都市と農村―その人口交流―』巌南堂書店
・鈴木　広、一九七〇年、『都市的世界』誠信書房
・鈴木　広、一九七八年、『都市化の社会学』誠信書房
・倉沢　進、一九六八年、『日本の都市社会』福村出版
・蓮見音彦・奥田道大編、一九八〇年、『地域社会論―住民生活と地域組織―』
・鈴木　浩、二〇〇七年、『日本版コンパクトシティ―地域循環型都市の構築―』学陽書房
・富永健一、一九九五年、『社会学講義―人と社会の学―』中公新書
・仲川秀樹、二〇〇五年、『メディア文化の街とアイドル―酒田中町商店街「グリーン・ハウス」「ＳＨＩＰ」から中心市街地活性化へ―』学陽書房
・仲川秀樹、二〇〇六年、『もう一つの地域社会論―酒田大火三〇年、「メディア文化の街ふたたび―」』学文社
・仲川秀樹、二〇一〇年、『おしゃれとカワイイの社会学―酒田の街と都市の若者文化―』学文社
・仲川秀樹、二〇〇二年、『サブカルチャー社会学』学陽書房
・Blumer, H., 1969, "Fashion: From Class Differentiation to Collective Selection", *The Sociological Quarterly*, Vol.10, Issue 3, pp.275-295.

第2章

中心市街地のシンボル「百貨店」

第1節　中心市街地が消えてから三五年

1　中心市街地に「中町商店街」と「柳小路」マーケットがあった

♣「中町商店街」が繁華街であった頃

中心市街地という確固たる位置づけをもち、酒田市の中心市街地にかまえている、通称「中町商店街」。ファッション・ストリート的な「商店街」と、クラッシック・マーケット要素をもつ「柳小路」、そして一九六〇年代には、二つの百貨店をかかげ、ファッション・ルートとヒストリック・ルートの交差する東北でも有数のマーケット街であった(1)。

とくに、中町のもう一つの顔でもあった通称「柳小路」マーケット。東西に長く連なる中町商店街にクロスして、柳小路通りに南北五〇〇メートル以上にわたって展開していた長屋的な

(1)　仲川秀樹、二〇〇二年、「フィードバック、柳小路マーケット」『庄内小僧一〇月号』コミュニティ新聞社、四一ページ。

店舗群。外観はアメ横を彷彿させるお店が並び、最盛期の一九六〇年代には九〇軒近くあった。生鮮食料品・お菓子・衣料・雑貨などの生活必需品は何でも揃っていた(2)。トタン屋根でいまにも吹き飛びそうな造り、魚のにおいや、生臭さもあり、著者を含め、若者の関心はほとんどなかった。

ただ不思議だったのは、関心がないとはいえ、柳小路で必ず目を向ける場所が三店舗あった。一つは、バケツに入った生きたドジョウを売る店。二つは、壺焼き釜でやきいもを売る店。三つは、ショーケースに並ぶいなり寿司とのり巻きを売っている店だった。ドジョウは毎日バケツで売っていた。壺焼きはめずらしかった。壺のなかで焼いていた。あの釜の形はめずらしく、柳小路そのもののシンボルになっていたのを後から知った(3)。

酒田は、いまでもいなり寿司とのり巻きをセットにして売っている老舗の専門店がある。庄内米をふんだんに使い、おいなりさんの厚く大きいこと。ゴマときざんだ紅しょうが外側にまぶされている。あの甘さはほかでは真似できない(4)。

はじめて、酒田でフィールドワークを実施した二〇〇三年秋、到着した夜、学生たちに、そのいなり寿司とのり巻き詰め合わせを差し入れた。

コンパクトにまとまった中町という場所に、スタイルの異なるマーケットが並立し、おしゃれはもちろん、食材や雑貨、多彩な消費の楽しみ方ができた。休憩するには十分すぎる数の喫茶店も営業し、休日には周辺町村から、よそゆきのお洒落をした(中町ファッション)買い物客が大挙して訪れた。もじどおり中町は県内でも屈指の娯楽の中心であった。

(2) 仲川秀樹、二〇〇六年、『もう一つの地域社会論―酒田大火三〇年、メディア文化の街ふたたび―』学文社、一三〇ページ。

(3) 「酒田柳小路マーケット」『月刊庄内散歩』一九七六年、東北出版企画。

(4) 「濱寿司」の寿司折詰弁当。いなり三個とのり巻き二個が基本。酒田市内の主要スーパーで購入可能。

♣酒田大火と社会構造の変化

一九七六年一〇月二九日（金）、一七時四〇分頃、洋画専門館「グリーン・ハウス」から出火、当日、最大瞬間風速二六メートルを超えた西南西の風によって、翌朝、五時に鎮火するまで、一一時間燃え続けた。酒田市の中心市街地である中町商店街を中心に延焼し、消失一七七四棟、消失区域二二・五ヘクタールに上った(5)。

日常と非日常をカバーしている中町商店街という場所は、地元市民にとって不可欠な機能性をもった空間であった。その場所が一夜にして消えてしまった。その衝撃は、いまなお消えることはない。酒田市民にとって、当時も現在も、そして未来にわたり、大きな、大きな損失となった。二〇一一年、あれから三五年が経過したいまなお、大火はわすれていない。

大火の出火元となった「グリーン・ハウス」は、責任をとり、その跡地すべてを市に寄付した(6)。一切の映画産業からも撤退した。酒田市民の多くも、グリーン・ハウスを愛した多くのファンたちは、その決定に口を挟むことはできなかった。皆が沈黙してそれを受け入れた。火元の重みはあまりにも大きすぎた。その時点でグリーン・ハウスは「記憶にとどめておくだけ」のものとなった。

酒田大火の影響は、一〇万人が住む地方都市に一館の映画館もなくなる下地を残してしまった。かつてのメディア文化を発信続けてきた街も、郊外型社会到来という歴史の流れのなかでそれを食い止めることはできなかった。中町の賑わいもなくなり、若者は中町商店街を捨ててしまった。

（5）『酒田市大火の記録と復興への道』一九七八年、酒田市発行

（6）中心市街地のメディア文化が封印された瞬間となった。

若者たちの中町意識

果たしてそれで、真実の中心市街地は成り立つのであろうか。その疑問を検証すべく、二〇〇三年と二〇〇五年、二度にわたり地元の高校生を対象にヒアリングを試みた。(7)

さらに、二〇〇九年に市内高校生調査を実施した。結論を述べれば、若者から返ってきた回答は、中町にメディア環境を充実させることであった。(8) 若者の関心は、メディアを中心にしたコンテンツにあることはいまもむかしも変わっていない。

同時に、中町を知らず、ただ自分たちが必要としている店舗がないだけで、中町には何もない、中町は寂れているという固定観念が浸透し続けた現実には大きな問題がある。本質を無視した結果に、大人たちは「懐かしむだけの町」、若者は「何もない、楽しくない」と、中心市街地はステレオタイプで語られる場所になってしまった。(9)

2 中心市街地の変化

完璧すぎて居場所が探せない

酒田大火から約一年半、一九七八年五月、「酒田市大火復興宣言」がなされた。中心市街地の被災商店数二四三戸のうち、二一〇戸の開店をみて、復興率が八六・四%に達していた。(10) 復興は予想以上の早さだった。復興のために、全国からの援助物質、国と県の予算が集中的に復興に費やされた。

商店街の中心にリニューアルした老舗の「清水屋」百貨店がそびえ、周辺のアーケードも路面も歩きやすい美しい街並みが完成した。いたる場所に公園も設置され、大火の教訓が生かさ

(7) 酒田南高等学校にて実施。高校生とゼミ生による対話形式のヒアリング調査。

(8) 酒田東高等学校、酒田商業高等学校、酒田西高等学校にて実施。

(9) 中町は外部帰属化で処理されるだけになってしまった。

(10) 『酒田市制施行七〇周年記念・写真でみる酒田市史—昭和〜平成版—』二〇〇三年、酒田市発行、一〇六ページ。

れているまちづくりに思えた。新築された店舗、歩行者専用のショッピングモール、中央にはモニュメント、いかにも美しさとおしゃれさを感じさせる環境に仕上がった。あとはこの空間にたくさんの市民が集まり買い物を楽しんでくれれば言うことはない。

現実はまったく違った。美しい環境が目の前に存在しても人がいない。かつての顧客だった年配者の姿も少ない。どうしたというのだ。これにはわけがあった。完全なまでに整備され、美しいが〝居場所〟がないのだ。

二〇一一年、いまでもそうだ。中央部分で話し込んでいる人はいない。モニュメント前でもない。立ち話をし、グループで集まるのは、「清水屋」百貨店前や中町モール。中高生や若者などは、ジェラート「モアレ」前、主婦は、スーパー「ト一屋」の前という具合に、人が集まりやすいのはどこにでもある日常の延長上にある場所だった(11)。

♣一九七六年以前は消えてしまったのか

よくいわれることだが、「酒田大火で中町商店街が焼失しなかったら、いまでもここは賑わっていただろう」。そんな仮説が成り立たないことは十分承知している。全国各地でも同じような中心市街地衰退の流れの存在があり、大火との関係性からも説得力は薄い。

しかし大火で惜しまれるのは、何より焼失したことで甦らない、古さや懐かしさからかもし出す、歴史的情緒あるかつての酒田の風景である。古くてもいたるところ街の骨格が残っていれば、それを生かす方法も多分にある。中心市街地の歴史で、一九七六年の出来事は、あまりにも過酷過ぎた。

固定観念により中町は「人がいない」の代名詞になった。あそこは人がいない。駐車場もな

---

(11) 日常的なコミュニケーションが可能な環境。

く不便だから。中町には行かない。根拠も不明確なまま、それが市民の共通する言葉になって久しい。いまの高校生の見方は、「中町には何もないし、人もいない」と嘆いている。(12)

中町に、大都市の混雑した映像をイメージしているのでは無意味なことだ。確かに人の流れが交差して賑わう商店街に比較したら、中町は閑散としている。それでも瞬間映像的という特定の選択基準で商店街を分析することは得策ではない。ますます街の取り組みが後退していくだけである。

第2節　中心市街地と郊外型社会

1　郊外店舗SCの賑わい

♣地方都市に不可欠だったモータリゼーション

地方都市における交通の主流は車である。自家用車は、一家に人数分所有というのが、地方都市では一般的だ。首都圏のようにJRや私鉄各線が網の目のように交通ネットワークを形成しているのとはわけが違う地方都市。自家用車は不可欠である。

一九八〇年代、景気高揚の流れは、積極的な消費行動へと移っていく。大量に消費するためにはまとめ買いが必要となっていく。一ヶ所ですべての商品が揃い、一括清算が可能なショッピングモールやショッピングセンターは魅力であり。駐車場も広い、荷物もまとめることがで

(12)「目的がない(店舗・商品)」イコール「何もない」ですべて処理。

きる。利便性の流れはそれに応える環境を用意したバイパス沿いの大型店へと消費者を導いていった。

酒田の街にこの流れを加速させるようなインフラも整った。一九八五年、国道七号線沿いバイパスの四車線化が完成した。週末ごとに多くの市民はバイパス沿いの大型店舗をハシゴしていった。広大な駐車場の一部を利用しての多彩なイベントに、家族連れの客で賑わう姿が休日だった。店内にはファストフードの飲食店や遊戯施設という複合的な娯楽的消費エリアが満載し、そこにいるだけで余暇を充たすには十分だった(13)。

♣模倣型郊外ショップ

国道七号線沿いに連なる大型店は、何も酒田だけではない。首都圏のバイパス沿いにも同じような光景をみる。並んでいる店舗もみな全国展開をしているチェーン店であることから模倣的郊外型ショップと呼ぶのがふさわしい。ただバブル全盛時代とはいえ、大量消費は、高額商品の購入を意味しているのではないことに注意したい。安価商品、ディスカウント商品を消費する層の広いことは、バブル現象とは相容れない部分であることを承知しておく必要がある。地方都市活性化の問題との関連性を正確によみ取ることができなくなる恐れもある。

実際、全国いたるバイパス周辺に立地する模倣的郊外型ショップの客層をみれば明らかだろう。階層分化を示す指針がここに隠されている。商店街だってそうだ、伝統的商店街とファッション・ストリート系商店街、さらにテーマパーク的商店街とは区別して論じなくてはならない(14)。大都市にあるファッション・ストリート系商店街は、もはや一つの観光スポット。それにテーマパーク的商店街も増えた。ネーミングは商店街でも、機能の異なることも知るべきである。

(13)「マクドナルド」「ミスタードーナッツ」「サーティワン」そして「ゲームセンター」など。

(14) 中町はファッション・ストリート系商店街に区分される。

2　一九八〇年代流れは郊外型社会の時代

♣ダメージは中心市街地

一九八〇年代～一九九〇年代、都心を離れ、中心市街地を離れ、郊外へ移動する家族・企業・大学。手狭な都心の有効活用、大学は教養課程（一～二年次）を郊外に移し、専門課程（三～四年次）のみを都心に残した。教養課程は運動施設などのスペースを広く確保できるし、専門課程は就職活動など都心の利便性を考えた。企業も自社ビルや、工場関係は経費的にも郊外が最適だった。不動産物件の価格と自然環境を考慮し、郊外へ邸宅をもつ家族も増加していた。それにともない交通ネットワークも変わっていく。首都圏だけではない、人の流れはあらたな郊外型社会が地方都市にも浸透してきたことを告げた。

これまで酒田市内のマーケット環境は、大きく中町商店街エリア、駅前エリア、七号線バイパスエリアに分化されていた。一九八五年の七号線バイパス開通の流れによりもっとも影響を受けたのは、中町商店街であった。多くの酒田市民は、中町には車で出かけるものではないという認識で一致していた。中町に行っても駐車場がないということが主な理由であった。

実際、中町には十分な駐車場スペースが確保されているにもかかわらず、市民は、立体式やパーキングビルは好まない。それに徒歩数分の駐車場も避ける傾向が強い。あくまでも店舗前にあるスペースに駐車するという大原則がある。このドアツードアの原則は不変である。

♣空間選択の動機は〝とりあえず〟

余暇時間の機能的側面を考える。庄内地方に位置する酒田市は、日本海と鳥海山に囲まれた田園地帯である。気晴らしのドライブから趣味のアウトドアまで活動する範囲は広い。大都市の住民からは羨ましがられる自然環境、しかし地元民はつねに一定の選択をしているわけではない。一般に余暇時間、友人や家族と過ごす先はどこにあるのかを考えたい。その余暇時点に直面して目的を考えることの多いのも事実、明確な行き先が確定していない、目的不明の時、人びとの先にあるのは〝とりあえず〟という選択である。

このとりあえずは重要な選択要因になる。この場合、目的が市内であることはまず少ない。市街地から離れて、周辺を走る。目につくのはバイパス沿いにかかる大型店、とりあえずそこに行けば何かがある。その先はそこで考えよう。何かの催し物にでもぶつかるであろう。子どもも大人も時間を処理する条件がそこには揃っているから。(15)

一九八〇年代から二〇〇〇年代にかけて、このとりあえず空間選択は、もっともリスクの少ない余暇時間の過ごし方になった。とりあえず空間の先が一ヶ所に集中する結果になったら、商店街どころか市街地の消費エリアはすべて壊滅的な打撃を受けることになるだろう。大多数の人びとが選択した、このとりあえず空間とは、ＳＣであった。

♣「とりあえず空間」への一極集中

山形県でも有数のＳＣ、三川町ショッピングセンターである。いつしか膨大になった三川消費エリア。庄内の中核という地理上の位置を効果的に活用した三川。文化の異なる酒田と鶴岡のあいだをぬって、歴史的にも、行政面で漁夫の利を獲得していた町。いまや娯楽や消費の面

---

(15) 仲川秀樹、二〇〇六年、前掲書、四一ページ。

でも絶対的な位置にある。酒田・鶴岡両一〇万都市の人びとの、〝とりあえず〟選択による訪問者数は、酒田市の消費エリア三ヶ所分をカバーしている。

三川町の年間商品販売額（小売業）は、ショッピングセンター開設前の一九九九年で、約三九億円。開店後の二〇〇二年には、約一〇八億円。二〇〇四年は、約一二五億円と、三倍以上の増加となった。それに対して、酒田市は、一九九九年で、約一三四一億円。二〇〇四年には、約一一四七億円と確実に減少している。(16)

この数字以上に大きいのは、イメージである。高校生たちの意見は、ＳＣは必要な商品が揃う。商品が新しい。中心商店街は、欲しい商品がない。商品が古い。デメリットの部分はすべて中心商店街に跳ね返る計算だ。両者のイメージは、さまざまなコミュニケーション・ネットワークによって拡大し、実際の消費効果以上の差を生んだ。

♧駅前の急速な衰退

中心市街地の問題以上に、急激な衰退に陥ってしまったのが、酒田駅周辺である。これまで酒田市内の消費エリアは、三極化でみることができた。酒田駅前の大型店舗「ジャスコ酒田駅前店」、「ダイエー酒田店」、「庄交モール」を核として一定の集客能力を維持してきた駅前周辺。一般客以外に、通学帰りの高校生なども良く利用していた。しかしジャスコ酒田駅前店が撤退してから一〇年近く、二〇〇五年には「ダイエー酒田店」の撤退により、一挙に駅前は空洞化を余儀なくされた。駅前再開発計画も進んでいるようだが、いまだ続く空き地の存在が、酒田を訪れた観光客やビジネス関係者はどう感じるだろうか。

大火復興した一九八〇年代から一九九〇年代前半、日本は景気高揚から景気暴落の一〇年間

(16)「集中—大規模ＳＣ、三川地域経済への影響は？（上）」『山形新聞』二〇〇五年一一月一九日付朝刊を参照。

をたどった。その時を経て、酒田市の将来を占う機会のはじまりとなる二〇〇〇年代。

消費行動も大きく変わり、それに対応する側のあり方とは、それが酒田市の未来につながっていく。中心市街地の動向はやはり多くの市民にとっても気になるところ。その鍵を握っている一つに、中心市街地のセーフティゾーンがある。

第3節　中心市街地と百貨店

1　百貨店をめぐる環境

♣中心市街地はセーフティゾーン

モータリゼーションは、地方都市の生活にかかわる交通網（交通手段）の浸透結果である。モータリゼーションの浸透は、中心市街地に大きな影響を与えることになった。モータリゼーションを履き違えると混乱する要因をつくってしまう。一九九〇年、たくみ通りは全線乗り入れにした。大通りから中通りに入った一部は相互乗り入れになった。この乗り入れで、逆にリスクも生じてしまったことも多い。

最近は、中町モールにも車を乗り入れしたらという意見も見受けられる。しかしこれは大きな誤った考えである。たくみモールと中町モールの意味合い、機能的側面で役割はまったく異なっている。酒田の街は車も走りやすい。どの方向からも目的地に到達できる。中町モールをわざわざ乗り入れして何のメリットがあろう。

中町モールの多目的空間は、単にイベント会場で使用されるだけではない。ベンチが用意され、休憩をする人、立ち止まり、話をし、用事を済ます。中町商店街にある唯一のセーフティゾーンになっている。[17] 高齢者や子どもにもやさしい空間になっている。客観的に機能を考えず、短絡的にこの空間を撤去した場合のデメリットは計り知れない。フィールドワークで指摘された重要な論点の一つ。とくに高齢者も子どもも車を気にせず、リラックスして集える場所が中町モールである。

老舗と百貨店ブランド

目的をもち中町に出かける人びとのなかで、百貨店を利用する人びとに注目したい。

老舗ブランドを利用する人びとの年齢層はある程度特定される。食の庄内と呼ばれる部分、和洋菓子店舗が充実され、贈答用に用いられる老舗ブランドは、プレステージ効果をもたらす。中町商店街にはそうした老舗店舗が連なり、ラッピングペーパーにみる価値もある。

極めつけは百貨店ブランドの存在、「清水屋」の包装紙の重みに象徴されよう。

さらにメディア・スポットの存在がある。格好のロケーションエリアとして頻繁に登場する。[18]

中町商店街界隈に、歴史的な価値を見出し、中心市街地の意味を確固たるものとしている。東西に伸びるこのファッション・ルートは、数多くの見せ場を演出する。酒田の歴史を知り、いまでも残る料亭文化、その料理を提供する老舗は重要。伝統や歴史に価値を求める消費には、それを望む階層も固定している。

一九八〇年代から酒田の階層は分化されてきた。ブランド至上主義の浸透、人びとのトレン

(17) 安全・安心、高齢社会に典型的な優しい空間、中町商店街の中央にある「中町モール」は、誇りにすべきである。

(18) 一般に映画やドラマのロケーションに頻繁に登場する場所。草分けは、テレビ朝日系『西部警察PartⅢ「酒田編」』、一九八〇年OAであった。

ドは、バブルに反映された。それに応える商品モデルは、オーソドックスに考えて、百貨店のテナントである。場所は、中町商店街にある老舗百貨店である。

♣「清水屋」百貨店をめぐる周辺環境

山形県内で百貨店のある街は、県庁所在地のある山形市を除いて、米沢市とここ酒田市のみ。地方都市において百貨店の維持は困難をともなう。

中心市街地中町商店街に位置する、老舗百貨店「中合清水屋店」（通称・清水屋、マリーン5清水屋）は、一九五〇年の組織変更、そして一九七八年酒田大火復興事業のモデルを経て、現在の中町商店街に再登場となった。清水屋は、かつて山形県でも有数、庄内を代表する酒田市の百貨店として君臨し、市街地にあるもう一つの百貨店「小袖屋」とともに賑わいの中心にあった。(19)

一九九四年一一月に、郊外型SCのシンボルになった「ジャスコ酒田南店」（現イオン）が開店した。一六〇〇台の収容能力を誇る大駐車場が完備された。県外市外から七号線、山形自動車道酒田IC下車、バイパスから両羽橋をわたり「ようこそ酒田」の表示とともに目に入るジャスコ酒田南店は、中心市街地関係者にとって最大の脅威となるマンモスショッピングエリアの誕生となった。

そして翌一九九五年春に、ゆたか町にオープンしたショッピングセンター通称〝ロックタウン〟（現イオンタウン）。七号線バイパス沿いに比べて市内にも近く、ディスカウントストアーを中心とした量販店は、価格破壊の時流に乗って賑わいをみせた。イオン系の「マックス・バリュー」などが入り同じジャスコとの棲み分けも完了した、ネオ郊外型店舗の登場である。(20)ゆ

---

(19)「清水屋」の正式な表記は、「中合清水屋店」である。しかしチラシや広報では「マリーン5清水屋」を用いることが多い。本書では、意味合いによって表記を変えている。

(20)イオン系関連マーケットエリア、市内と郊外に棲み分け。

たか地域は、駅前を抜いてあらたな三極化による商業圏の誕生となった。そこはまた大型遊戯施設（ギャンブル）もともなう街並みにもなった。

2　揺れ動く百貨店事情

♣「百貨店」冬の時代

全国の百貨店の売り上げは一九九一年をピークに下降している。日本の一八歳人口は、一九九二年をピークに減少に高じ、消費の低迷と相関関係にある。景気後退（通称バブル崩壊）の影響は消費の停滞にも影響し、百貨店の動向もそれに沿ったものとなる。人びとは価格の安い商品選択に走り、消費する場所も百貨店からディスカウントショップへ移行していった。

そして二〇一〇年の全国百貨店の売上高は前年比四・四％減の六兆二九二一億円と、一三年連続で前年を下回った。この数字は、ピークだった一九九一年の約六五％の水準である。[21]商品別では、衣料品の落込みが五％近く減少していた。百貨店は、食品は検討しても、衣料品の落込みが顕著になっている。しかしファッション関係の需要は、女性誌の元気さもあり上昇しているのが一般的。ただ、若い女性たちの選択は、ファッションビルや、セレクトショップにおいて消費する傾向が強いために、百貨店のブランドショップは厳しい状況にある。

♣「中合清水屋」撤退報道

①「日本経済新聞」の報道

「日本経済新聞」の配信が最初だった。ダイエー子会社の百貨店「中合」が、山形県酒田市

(21)「朝日新聞」二〇一一年一月一九日付朝刊山形地方版記事の抜粋。

にある店舗「清水屋店」の運営から撤退する報道がなされた。売上の低迷、他の四店舗に経営資源を集中させるためという内容だった[22]。

②「山形新聞」の報道

一日遅れで地元「山形新聞」では、『中合が清水屋（酒田）運営撤退へ　庄内唯一の百貨店、店舗残す方向で協議』、東北・北海道で百貨店五店舗を運営する中合（福島市）が酒田市の清水屋店の運営から撤退する見通しであることが二七日までに、複数の関係者の話で分かった。時期は二〇一一年度末とされ、撤退後も店舗は残す方向でビルの所有者との協議を進めていく方針だという記事が掲載された。

中合清水屋店は市役所近くの中町にあり、中心街の顔ともいえる庄内唯一の百貨店。近年は不況の影響や郊外大型店との競争激化などで売り上げが落ち込んでおり、中合によると、一〇年二月期の売上高は、二五億六〇〇〇万円で前期比九・九％減となった。経営再建策の一環として撤退するもようだ。パートを含め約八〇人いる従業員の再就職などについては未定。同社は「まだ正式に決定したわけではない」とコメントしている。

同店は「清水屋デパート」として一九五〇（昭和二五）年に設立。酒田大火後の七八年に酒田セントラルホテルビルのキーテナントとして現在地に入居、「マリーン5清水屋」として営業してきた。九四年に中合と合併して原店名となった。

中合はダイエー子会社で、清水屋店のほかに十字屋山形店（山形市）などを運営。一〇年二月期の売上高は三二八億六二〇〇万円で前期比六・九％減少した。二期連続で債務超過となったが、今年七月にダイエーから五〇億円の資金支援を受け解消した。

今年二月末には建物の老朽化などを理由に福島県会津若松市の店舗を閉店している[23]。」

(22)「日本経済新聞」二〇一〇年一一月二七日付朝刊参照。

(23)「山形新聞」二〇一〇年一一月二八日付朝刊記事の抜粋。

撤退報道の記事が配信されてから、予想されていた事実と受け入れる関係者も多いなか、中心市街地中町商店街に「清水屋」があっての中町であるといった反応など多くの意見が入り乱れ、年を越した。

♣「中合清水屋」撤退表明

二〇一一年年明け、「中合清水屋」の撤退が、正式に表明され、ほとんどのメディアが配信した。

①「朝日新聞」の報道

「朝日新聞」は、『清水屋、来年閉店　経営改善めど立たず』[24]

酒田市の中心市街にある庄内唯一の百貨店「中合清水屋店」が来年二月末で営業終了すると、中合(本社・福島市、安藤静之社長)が六日発表した。中合の桐畑昌彦・営業推進部長らが酒田市で記者会見した。景気の低迷による個人消費の落ち込みや、市内の隣の三川町に大型専門店ジャスコなどが進出し、ファミリー客が減るなど商業環境変化の影響を受け、今後の経営改善の見込みが立たないため、昨秋から検討していたという。

中合によると、同店の売上高はピーク時の一九九七年度は五三億円あったが、〇九年度は半分以下の二五億六一〇〇万円まで落ち込み、前年の〇八年度分の九一%にとどまった。

顧客の中心の高齢者に合わせた品ぞろえに変え、日用品、食料品を充実させるなど営業努力を続けたが、昨年度まで五期連続で営業、経営とも赤字だった。中合はほかに福島店(福島市)、十字屋山形店(山形市)、三春屋店(青森県八戸市)、棒二条屋店(北海道函館市)の四店があるが、清水屋店の売り上げが圧倒的に少ないという。

---

(24)「朝日新聞」二〇一一年一月七日付朝刊山形地方版記事の抜粋。

清水屋は一九五〇年に設立。酒田大火後の七八年に復興事業として完成した地上六階建て商業ビルに主要テナントとして入居し、九四年に中合と対等合併した。現在の売り場面積は約八九六〇平方メートルで、正社員三七人、パート、準社員ら従業員は五一人。ほかに派遣社員九八人が働いている。正社員は他店へ異動させ、従業員は雇い止めにするという。

阿部寿一酒田市長は「雇用をはじめ、テナント、関連業者、周辺商店街に与える影響は大きい。関係機関と連携し、営業継続、雇用の維持・確保ができるように中合に緊急に要請する。対策組織を早急に立ち上げ、地元の意向に十分配慮するように要請する」とのコメントを出した。

ビル管理会社「マリーン5」の成澤五一社長は「このままでは中心商店街が破壊されてしまう。百貨店を残す方向でテナントやメーカーと交渉していく。従業員も再雇用できるよう努力する」と話し、今春に大手の宮脇書店を入居させる計画も進めている。

②「毎日新聞」の報道

「毎日新聞」では、『中合清水屋　来年二月に撤退へ　収益改善見込めず（酒田）』(25)

「中合」（本社福島市）は六日、庄内唯一の百貨店である酒田市の「中合清水屋」の営業を一二年二月いっぱいで終了させると発表した。個人消費の落ち込みや他店との競合激化などから収益改善の見込みがないとして決断した。

清水屋は七八年オープン。六階建て延べ床面積八九六三平方メートル。九七年度に五三億円を売り上げたが、その後は売上高は下がり続け〇五年度から五年連続で営業、経常収益ともに赤字となった。〇九年度の売上高は二五億六一〇〇万円。

食材、雑貨、衣料品など計八六店舗が入る。うち建物のオーナー企業の「マリーン5」系列

---

(25)「毎日新聞」二〇一一年一月七日付朝刊山形地方版記事の抜粋。

の二二店舗を除く六四店舗が中合系列。従業員数は正社員三七人。パート従業員など五一人。派遣社員九八人。正社員は他店舗や本社に異動、派遣社員は派遣元企業へ戻るが、パート従業員は雇い止めになる。

六四店舗が抜けたあとの運営については未定。店は市中心部にある「集客の核」だった。阿部寿一酒田市長は「影響は大。中合に営業継続、雇用維持を訴える一方、対策組織を立ち上げ配慮を要請する」。酒田商工会議所の佐藤淳司会頭も「県や市と連絡しながら営業継続実現に努めていく」とコメントした。

③「山形新聞」の報道

「山形新聞」では、『酒田・清水屋店撤退を正式表明　正社員は異動　契約社員は打ち切り』

「庄内唯一の百貨店「中合清水屋店」(酒田市)を運営する中合(福島市、安藤静之社長)は六日、二〇一二年二月末に同店の運営から撤退すると正式に発表した。[26] ビルに入居する八六店・テナントのうち、中合が直営する六四店・テナントとの契約を解消する。三七人の正社員は異動させる方向で調整し、五一人の契約社員は契約を打ち切る。一方、ビルを所有し、二二店舗を運営するマリーン5(酒田市、成沢五一社長)は「営業は継続したい。関連する従業員の再雇用についてもできる限り努力する」としている。

酒田市役所で記者会見した中合の説明によると、清水屋店は〇五年度から五年連続で経常損失を計上。売上高は一九九七年度の五三億円をピークに減少し、二〇〇九年度は二五億六一〇〇万円だった。

ダイエーの子会社である中合は十字屋山形店(山形市)など東北、北海道で五つの百貨店を運営しているが、昨年度の清水屋店の売上高は最下位。中合は撤退を決めた理由として郊外の

(26)「山形新聞」二〇一一年一月六日付朝刊記事の抜粋。

大型店舗との競合により客の流出、景気低迷による個人消費の落ち込みをあげている。一〇年秋頃から撤退を検討し、六日から社員や各店舗の従業員に説明を始めた。

清水屋は酒田市役所近くにあり、複合商業施設として親しまれている。一九五〇（昭和二五）年に地元資本の「清水屋デパート」として設立。酒田大火後の七八年、キーテナントとしての現在のビルに入居した。清水屋は九四年に中合と合併し、現在の店名となった。

一方、マリーン5の成沢社長は今後の営業や店舗の存続について「キーテナントが抜けても存続させる方法はある。自社直営の小売店などを検討している」と話している。

不思議なことに、主要メディアの「清水屋」撤退が正式に表明され、報道がされてから、逆に「清水屋」はより一層のまとまりが強くなった。二〇一一年年明けのマスコミ報道後、社員たちの活気には、それを吹き飛ばす勢いがあった。お客さんからの激励が、「清水屋」に多く届いている様子だった。それを強く感じたのは、「三・一一」の翌日であった。(27)

(27)「中合」の足かせが消え「清水屋」に感情浄化作用生まれた。

第4節 「マリーン5清水屋」のあらたな挑戦

1 中心市街地再生産のシンボル

♣撤退表明後に甦った「清水屋」

「清水屋」撤退表明がなされ、マスコミ各紙はそれを報じた。「中合」側の用意された記者発表の内容は、「一九九七年度の数字との比較」「営業、経営とも赤字」「郊外の大型店舗との競合」など、ステレオタイプ的なものばかりだった。そもそも一九九七年との比較自体がいかがなものかと思う。社会構造が変化し、システムの適応が不十分ななかでの売上高は何も「清水屋」に限ったものではない。一九九七年と二〇〇九年の比較そのものが数字のマジックではないだろうか。皮肉なことに、二〇一〇年の日本経済新聞の記事が報道される頃から、「清水屋」の経営は上向きになっている様子。二〇一一年、秋の北海道展、うまいものまつり、京都展などは近年にない盛況ぶり。その理由は何か。

「本来の百貨店にもどる」。それに尽きると思う(28)。フィールドワークで毎回指摘されてきた、「店内はスーパーのよう、デパートには思えない、チラシを全く打ってない（打てない事情）」という課題。それを解消する状況に近づいてきたということ(29)。

撤退表明がなされてから、社員たちの勢いは店内のお客さんにも伝わってきた。それを感じたのは「三・一一」の翌日と先ほど記した。大震災直後、酒田市内は全戸停電にみまわれた。

---

(28) スーパーと百貨店の中間的な位置づけから、純粋に百貨店にもどれる。

(29) 「中合」の緊縮財政で広報（チラシ）戦略がとれない。HPの更新遅れも同じ。

最後に回復したのは、三月一二日の夕方であった。そんな状況の大震災翌日の朝、「清水屋」はものすごい勢いでおにぎりやお弁当を用意していた。あの光景を著者は直接みることになり、ある種の感動を覚えた。それからしばらくインスタント食品など震災の影響で入手困難が続いていた。ところが「清水屋」はつねに商品がそろっていた。理由は、社員が毎朝、早朝四時から市場などでの買い出しや配送を自らおこなった結果だという。

♣老舗百貨店のプライド

年間をとおして百貨店の大きな行事である物産展の一つ、春の北海道展が、六月最初の週末にかけておこなわれた。震災の影響を考慮し、約三ヵ月遅れての開催となった。一〇月の中旬には、秋の北海道展の開催。さらに「清水屋」がもっとも集客を有する（おこしやす）京都展が、一一月の第三週から、例年より期間を大幅に拡大して開催され、前年以上の賑わいをみせた。抽選場所もお客さんが並び、活気のある一週間の京都展となった。

京都展開催初日の夕方、「清水屋」前の「中町モール」にて、イルミネーションの点灯式があった。京都展のために来県していた、酒田出身の舞妓「富久君」さんも出席し、点灯式に華を添えていた。モールのイルミネーションは例年この時期から点灯し、年明けまで続けられる。寒々としたこれからの時期に、ここ中心市街地の中町モールだけは、しばし、都会にある装飾のひとコマを映し出す空間となる。(30)

百貨店の物産展は、大学生調査でももっとも人気が高かった。「清水屋」も老舗百貨店として好評なイベントを開催。二〇一一年は、一月一九日（水）から「春の全国うまいものまつり」、二月三日（木）から「四国の物産と観光展」、三月一〇日（木）から「九州物産展」、六月二日（木）

---

(30) 中町モール冬の風物詩、夕方になると親子連れで写真を撮る光景がみれる。本書の表紙カバーを参照。

から「春の北海道物産展」、九月二八日（水）から「秋の全国うまいものまつり」、一〇月一九日（水）から「秋の北海道展」、そして一一月一七日（木）からの「京都展」のラインアップ。そのあいだにも、地元のスィーツやお菓子などの特設店、「駅弁・空弁大会」などが開催されている。

「京都展」で一連の物産展は終了し、一一月の末からは、「お歳暮総合ギフトコーナー」が設置された。百貨店に限らずこのコーナーは当たり前の空間だが、老舗百貨店の場合、商品陳列やネットワークに高級感を覚える。百貨店のプライドが垣間みれる。

♣中心商店街の独自性プラス百貨店の付加価値

「マリーン5清水屋」のこうしたエンタテインメント的な行事開催に合わせ、中心商店街も関連イベントを打ち出す。通常より中町の駐車場は満車状態になるし、人の出入りも多い。しかし百貨店の流れを、商店街はどう向かい入れるか、困難も多い。物産展に入場したお客はそのまま専用駐車場から帰宅する場合が多い。清水屋の袋をもって中町を歩いている人はあまりみかけない。清水屋店内の喫茶室、中町周辺の喫茶店では見かけることが多い。一般の商店に入るような工夫が必要なのだが、目的をもち来店するのが「百貨店」であるから、難しさは否めない。

逆にいえば、中心商店街各店が独立したスタイルで客を呼び込む以外にない。商店街の原点である。「清水屋」のイベントあるなしに関係なく「モアレ」には、一定の客が出入りしている現実がある。個人経営の商店、そのユニットが商店街を構成しているなら、ユニットである各店舗は自らのオリジナルを提示することになる。

一定エリアで生活が可能という商店街の利便性、それにエンタテインメント空間を提供する百貨店が加わり、日常と非日常を合わせもつ空間として、コンパクトシティができあがるのだから。

2 「マリーン5清水屋」のオリジナル性

♣各世代をカバーする空間

消費対象年齢の高い百貨店の商品構成のなか、1F食品館に関しては、高校生や若者の人気が高い。ドリンク飲料は価格も安く設定してあり、パンやデザートも手頃で、店内で食べるコーナーも用意された。予備調査中も高校生のそうした姿はよくみかけた。5Fプリクラコーナーはここだけを目的にして入店する若者も多い。予備調査でも触れたが、撮影した後、休憩する場所がなく、すぐに出てしまうのは惜しい気がした。

1Fエントランスフロアは、高齢者が群がっている、解釈の問題と対応の問題があり、一概に判断できないが、居心地がいいのであろう。ただし、一般客のカフェコーナーに支障が来ているのも事実。居心地のよさを今後どう幅広い世代に提供していくか、一つの課題のように思えた。

2F喫茶室は、もっとも居心地のよい空間のように思える。客層もセレブ的におしゃれな人が多く、別に触れたが、置いてある女性誌のラインアップがスタンダードである。ヤングミセスからミセス、それに社員や、OLさんなどもランチを目的とする。メニューも充実しており、コーヒーかデザートの選択には悩まされよう。毎回、フィールドワークで女子学生の評価が高いのがこのエリアである。

アメニティ空間の充実は百貨店のようなシステムには不可欠であり、ウリになり、オリジナルな要素となる。

♣百貨店コミュニケーションを考える

若者は1F食品館と5Fプリクラコーナーだけで、それ以外のフロアは価格が高く、消費できないという問題に一つの答えを出すと、コミュニケーション空間にたどり着く。子どもが親にねだる、表現は少し乱暴かもしれないが、親子で百貨店に出かけ、対象商品を買ってもらう。そこで成立する親と子のコミュニケーション空間が百貨店である。そんな空間世界を演出するのは「マリーン5清水屋」の役割となろう。

大学生調査やシンポジウムでのサブテーマになった部分であり、親子間以外に、友人間、カップル間と多彩だ。高級志向の意味を教えることもまた賢い消費者になるきっかけである。コミュニケーションの意味は深い。第3章と第6章で詳細が述べられる。

♣エンタテインメントとメディア環境

地方に住めば住むほど気になるのが大都市の情報である。マス・メディアによる情報環境の提示である。年齢が低いほど、若者ほどそれに敏感である。ファッション面で考えると酒田の女子高生はトレンド情報を主に女性誌から得ている。首都圏の高校生と読む雑誌に違いのない調査結果が出ている。(31) 少なくともファッション・トレンドのますますの充実は、高校生の願望に応える環境となる。

(31) 二〇〇九年高校生調査。タイムラグだけをみれば半年から一年ほどの遅れ。雑誌の種類に違いはない。

大都市とのタイムラグを少しでも解消することは地方に住む若者には重大なこと。ブランド意識などに応えてくれるイベントは重要。物産展など食に関する行事は充実しているが、ファッション関係の企画をもっと取り入れる必要がある。最近の「マリーン5清水屋ファッションショー」のようなイベント効果は大きい。世代を問わず、流行やファッション・トレンドに応えるメディア環境の充実は望まれている。

3 「マリーン5清水屋」の答え

♣ぶれなかった「マリーン5清水屋」

もう一つ考えることがあった。撤退報道・撤退表明がされた時、それから後、「マリーン5清水屋」の対応である。「百貨店を守る」これは一切ぶれなかった。それと「撤退表明に対して」一切言い訳と反論をしなかった。ただ、「百貨店は続ける」「従業員は守りたい」。本来の百貨店にもどる、スーパーっぽい百貨店ではなく、「お客さまのおもてなしの心」という百貨店の原点はつねに伝えた(32)。

中心市街地調査を開始してから、何年も「清水屋」をみてきたが、とても百貨店とは思えないことも多々あった。少なくてもこの数年間の広報活動状況は疑問に感じることばかり。それを決定づけたのが、二〇一一年初売りのチラシであった。例年の半分、内容も乏しく、これが老舗百貨店の初売りチラシなのかと疑った。

それに対して、昨年くらいから、郊外SC店舗の広告のデザインはカワイイ・パステル調のチラシに変わり、消費者の目を惹きつけた。それが初売りでさらにインパクトを増していった。

(32) 意見交換会における「マリーン5清水屋」成澤五一代表取締役社長のコメント。

人気モデルのさわやかさといい素晴らしいデザインだった。

百貨店なのに、広報活動で後れをとる（清水屋側の）事情や背景を知ってからはやむを得ないという落胆でチラシをみるようになった。それが「中合」の撤退表明の記者会見の理由を聴いて、この数年間の「中合清水屋」のチラシの打ち方の本当の理由がつながった。なるほどと感じた。

ところが本年一一月の「京都展」からチラシの出し方が変わった。期間中に二度もチラシを打った。テレビＣＭも展開された。これまでの「中合清水屋」にはあり得ない画期的なことだった。この背景にあらたな「マリーン５清水屋」の挑戦をみることができた。

♣「マリーン5清水屋」の答え

あらたな百貨店の展開を告げる記事が配信された。以下、「朝日新聞」記事。(33)

『酒田の百貨店「中合清水屋」撤退　ビル所有会社新百貨店計画　「食」部門強化　書店や保育園も』

酒田市中心市街にある庄内地方唯一の百貨店「中合清水屋」が来年二月末で撤退するのに伴い、ビル所有会社の「マリーン５清水屋」（成澤五一社長）が事業を引き継ぐ計画概要を明らかにした。新百貨店には、書店や保育園、フランス料理店などを入れ、対話や憩いのスペースも設け、文化事業などにも力を入れる。契約社員などの従業員も再雇用する方針。成澤社長は「親しまれ、質の高いサービスを提供する新百貨店を目指す」という。

基本計画では、ターゲットとする客層を「四〇～六〇代」とし、若い主婦層への浸透も図る。

(33)「朝日新聞」二〇一一年一一月五日付朝刊山形地方版記事の抜粋。

店舗構成は、1Fが「おしゃれ雑貨と食品関係」、2Fは「レディス・ファッション」、3Fは「レディス・メンズファッション」、4Fは「書店と暮らし関係」、「無認可保育園」、5Fは「子供服・玩具、レストラン」など、6Fは「イベントホール」などを予定。

「食」部門の強化も図り、有名シェフによるフランス料理店を出店。週替わりでフレンチ、イタリアン、中華、和食の料理教室も開く。和食の店も出し、惣菜部門も強化する。

4Fには新たに宮脇書店（九二四平方メートル）が入る。無認可保育園は、買い物客へのサービスや、従業員の福利厚生にも役立てる。

各階に休憩と会話のできるスペースも設け、地域の交流イベントなど、にぎわい拠点を目指す。

外販部門も再編、高齢者向け宅配サービスもする。

来年三月から店内改装し、三月にフランス料理店、四月に宮脇書店が開店する予定で、一〇月にオープンセールを催すという。

初年度売り上げは前年比八％増の三五億円を見込む。現在、マリーン5は店舗譲渡について細部を中合と交渉中だが、契約社員など従業員は再雇用の方針だ。

以上、「朝日新聞」の記事には、「マリーン5清水屋」の基本姿勢が網羅されている。百貨店を運営すること。ターゲットを、積極的な消費経験を体験している四〇代以上であること。(34) 食の庄内といわれ、地元の食材と伝統に応えるレストラン。それに各種の教室やイベント、教養的な環境の提供は、百貨店というスタイルの高級感を日常的に演出する、百貨店の原点をみるようだ。

(34) 「四〇代〜六〇代の攻め方」『宣伝会議No．八一九』二〇一一年八月一五日号。宣伝会議。

♣新百貨店に込められた「百貨店」らしさ

百貨店としての差別化を明確にした新百貨店「マリーン5清水屋」の基本方針だった。ＳＣにも量販店にも流れず百貨店本来のスタイルに固執している。しかし、地方百貨店としての独自性は維持している。中心市街地中町商店街に根ざしている百貨店として考えてみる。独自性というのは、フランス料理など、酒田の街の伝統的食文化を表出させる分野の開拓である。レストランとしての機能、惣菜の提供、酒田にある「欅」「ル・ポットフー」で慣れ親しんだ市民にとってあらたなレストランの開店は意味深い。

中町にあった「青山堂書店」が閉店してから久しく、中心市街に書店のない状況が続いていた。それを解消する新規書店の開店は、若者には朗報になる。書店の存在はプラスアルファーの機能を有している。

高校生調査や大学生調査でも意見の多かった、「休憩スペース」の設置は、買い物途中の休憩や会話の場に利用できる。それにファッション関係の充実につながる婦人服とおしゃれ雑貨のエリアなど期待がもてよう。中高生は、１Ｆの食品館で飲料水やスナックを買ってすぐ出る傾向がある。同じフロアにおしゃれな雑貨コーナーがあれば「百貨店」に関心をもつようになろう。

本当の百貨店をめざす姿勢を提示してくれた意味は大きい。実際、可能な部分と客の反応によって、修正も施されようが、中途半端な運営がしばらく続いた「中合清水屋」から脱却し、本来の百貨店機能にもどした新百貨店「マリーン5清水屋」としての出発は、中心市街地再生のシンボルになろう。

〈参考文献〉

・伊奈正人、一九九五年、『若者文化のフィールドワーク―もう一つの地域文化を求めて―』勁草書房
・富永健一、一九九〇年、『日本の近代化と社会変動』講談社
・仲川秀樹、二〇〇六年、「もう一つの地域社会論―酒田大火三〇年、メディア文化の街ふたたび―」学文社
・仲川秀樹、二〇〇五年、『メディア文化の街とアイドル―酒田中町商店街「グリーン・ハウス」「SHIP」から中心市街地活性化へ―』学陽書房
・仲川秀樹、二〇〇二年、『サブカルチャー社会学』学陽書房
・仲川秀樹、二〇〇四年、「地方都市活性化の試みと世代間にみる影響の流れ―酒田・中町商店街活性化のプロジェクト意識をめぐって―」『二〇〇三年文理学部研究費研究成果報告書』日本大学文理学部
・「酒田市市制七〇周年記念・写真でみる酒田市史―昭和～平成版―」二〇〇三年、酒田市
・「酒田市大火の記録と復興への道」一九七八年、酒田市

第3章

百貨店のトピックに関する大学生一〇〇〇人調査

第1節　地方都市の百貨店をめぐる大学生調査

1　大学生百貨店調査の前提

♣百貨店をめぐる前提

一般に百貨店に出かける年齢層は、四〇代以上に多いといわれている。商品価格や購買理由など、百貨店のもつ高級感や信頼性の沿った消費をするならば、当然年齢層は高くなる。逆にそれが若者の百貨店を敬遠する理由の一つにもなる。若者は手頃感・気軽さという選択理由から、コンビニやSCを利用する傾向にある。(1) 学校帰りや部活動の帰りにぶらっと立ち寄り、店内をまわり手頃な買い物をする。このスタイルは別段新しいものではない。

一九七〇年代頃までは、ぶらっと立ち寄る商店があちらこちらにあった。部活動帰りに飲み

(1) 敷居が低く、店員と距離を置いた買い物や、とりあえずいける。

物を買い、パンをかじって帰るそんなお店である。[2] 中高生の日常の場所であった。いまはそれがコンビニなどに変わっただけである。スタイルを変えた昭和の風景はいまでもコンビニ前などでみることができる。百貨店も同じレベルで考えられた。日常に対して非日常空間がそれだった。特別な場所だった。気合いを入れて（おしゃれ）をして出かける空間だった。

♣百貨店という空間

百貨店側にしても、対象をとくに若者においてはいない。ある程度年齢層は高めに設定している。百貨店は若者をターゲットにした方針はとっていないと考えるのが普通であろう。ところが大都市の場合と地方都市の場合、その見方は少し修正しなければならない。それは、中心市街地に位置する百貨店は、コンパクトシティの機能を支える空間だからである。

大都市のような高級感漂い、敷居の高いレベルで考えるのではなく、日常必要な商品を手頃に購入できるフロアが1Fに備わっている必要もある。[3] 自転車を止めて、ぶらっと入り、飲み物を購入し、帰る。地方百貨店の平日午後にみられる光景である。むしろ郊外型SCよりも交通の便などはいい。学校の通り道という感覚もそこにはある。もちろん絶対数からみれば若者は少ないのは当然であるが、地域性や消費環境の相違を正確にとらえない限り、百貨店空間の正統性を論じるのは適切ではない。

♣百貨店におけるコミュニケーション空間

それでは百貨店の空間とはいかなるものなのか。ここでの論点として、百貨店を利用する動機について考えてみたい。百貨店の利用には、個人か集団か、つまり誰と行動を共にするのか

（2）学校付近にある商店の機能がコンビニに変わった。

（3）「清水屋」の場合、1F食品館にそのエリアが存在。価格も安く、商品も多い。

という点である。個人・家族・親子・友人どうし・カップルなど，いくつかのパターンで考える。平日と休日でも客層は異なるし，イベント・催事においては集客の中身も違ってくる。

そのパターンを本研究の視点の一つとして，親と子・友人どうし・カップルそれぞれに分けて考えてみた。若者は百貨店にいかないという理由に反し，欲しい商品（少し高額な）は親から買ってもらうためにそこに出かけることはある。その時点で百貨店は，親と子のコミュニケーションが成立する可能性をもつ空間になる。(4) 同じように友人どうし・カップルでも置きかえられる。特別な日の贈り物を選択する場合，高級感ある品物を選択することは多い。カップルもそうである。それぞれの目的に応じたコミュニケーション空間を百貨店にみることができる。

♣百貨店は目的をもつ消費行動と消費選択が完備されている空間

そもそも百貨店とは，消費目的が明確な場合が多い。(5) 百貨店のコミュニケーション空間をみればそれが明らかになる。高級志向イコール高い年齢層という図式は，〝特別な日〟という要因が強く，目的が明確だからである。ただし，デパイチ（1F）食品・惣菜売り場は別である。(6)

その目的とは，デパイチのような日常的空間以外に，定期的に開催されるイベント行事（SALEや物産展など）は，非日常的要素が強くかつ目的をもち訪れる客が圧倒的である。普段入手できない商品の購入など，目的も幅広く，百貨店のステータスを象徴している部分でもある。

さらに年末年始商戦，お中元・お歳暮にかかる消費選択は，風物詩的な条件も備わり，百貨店の消費選択が完備されている空間そのものである。消費選択の度合いをどの次元に置くかは，客層によって図られているものの，必ずしも高い年齢層に限ったものではないと考える。大都

(4) 消費行動をとおした親子間のコミュニケーション成立。

(5) 専門商品ラインアップから選択モデルを消費する目的が前提。

(6) コンビニ的ファスト商品（ペットボトル・スナックなど）の陳列。

市のように消費選択の場が、分化され目的に応じた消費行動が可能な環境にいる人びとには、「百貨店の客層」イコール「若者以外の年齢層」という見方が一般化されているだろう(7)。しかし、地方百貨店はそのような環境設定とは乖離している場面が多く見受けられる。それは、百貨店内にも若者が必要とされる消費空間も必要でありかつそれに応える努力もなされなければならないからである。

2 大学生一〇〇〇人の声

♣若者の声も聴きたい

百貨店の戦略は、四〇代以上の年齢層を対象におこなわれている現実がある。商品陳列も高級志向で、大人の空間を漂わせる店内装飾は百貨店ならではのもの。百貨店の性格から考えれば、大人消費とみても何ら不思議ではない。店内を見渡しても若者の少ない現実もまた必然的なことである。

そんな現状を承知の上で、若者は百貨店をどのように考えているのだろうか。これは中心市街地に人が集まらない(とくに若者)という問題に取り組んできたこれまでの研究に連続しての課題である。「どうしたら中心市街地に人が集まるのだろう」、「若者の関心は何か」、という問題の根拠を示し、問題の解決を図る方策を考えることになった。その事由を、二〇〇九年に酒田市内高校生八〇〇人を対象に実施した「中心市街地とメディア環境に関する調査」によって検証していく(8)。

この調査では、酒田市の中心市街地である中町商店街に対し、若者はどのような感想を抱い

(7) 百貨店のターゲットが四〇代以上に設定されている場合、商品ラインアップも当然高いイメージに。

(8) 仲川秀樹、二〇一〇年、『おしゃれとカワイイの社会学―酒田の街と都市の若者文化―』学文社。

ているのか、利用する機会は存在しているのだろうか、論点はそこに出かけるか否かに置いた。さらに中心市街地のシンボルに位置する「清水屋百貨店」を対象に質問項目を設定した。清水屋に必要なファッション・スポットや期待する店舗（望む）などについて意見を聴いた。

高校生調査のなかでとくに印象的だったのは、中心市街地中町の印象を、「必要なものがない」「若者の欲求に応えるお店がない」であった。その結果中町には、「ほとんど出向かない」となった。

そこで中町に希望するものは、の問いに高校生の回答は、「ファッションのお店」プラス「109的なお店」「若者向け洋品店」とファッション関係の店舗が圧倒していた。その理由として、「おしゃれ」「東京にあるような」という「東京意識」の意見が過半数を超えた。中町はコンパクトシティの典型をもつ環境エリアととらえている。高齢者以外に若者、地方では中高生の行動範囲を知ることは重要な条件となる。

そこであらためて中心市街地のシンボルである百貨店の存在価値について、若者はどのように考えているのかその実態を知るべく、二〇〇九年の高校生調査に続いて、二〇一一年大学生調査を実施した。(9)

♣大学生質的調査の概要

今回の大学生調査は、二〇一一年六月から九月にかけて実施した。調査は質的調査のスタイルをとり、三度に分けて調査をおこなった。サンプルの記述分析には一ヵ月以上を要した。

基本データからみていきたい。調査対象数は、東京都内に住む大学生一〇〇〇人である。内訳は、共学二校、女子大一校、いずれも創立一〇〇年以上の総合大学の文系学部の学生を

(9) 高校生調査は量的調査。大学生調査は百貨店に限定した質的調査。

対象とした。調査対象者一〇〇〇人の内、有効回答数は三校合計で九一三人。無効八七人。全体の有効回答率は九〇・八％。性別は、女子七六二人、男子一五一人。大学別人数はA大学二七二人、B大学二六一人、C大学三八〇人。いずれも有効回答者数。

内訳　A　三〇〇人
　調査対象　三〇〇人
　有効回答　二七二人（男子七八人、女子一九四人）
　無効回答　二八人（欠席・無関係事項）
　回収率　九〇・六％

B　三〇〇人
　調査対象　三〇〇人
　有効回答　二六一人（男子七三名、女子一八八名）
　無効　三九人（欠席・無関係事項）
　回収率　八七・〇％

C　四〇〇人
　調査対象　四〇〇人
　有効回答　三八〇人（女子三八〇人）
　無効　二〇人（欠席・無関係事項）
　回収率　九五・〇％

♣質的調査の前提

質的調査にあたり重視したのは、山形県酒田市の地域性であった。調査対象の大学生には、「マリーン5清水屋百貨店」(以下、清水屋)は、東京など大都市にある百貨店とは異なる部分が多いこと。清水屋の位置する、酒田市と中町商店街に関する情報を、複数の映像と資料で詳細を紹介する。また中心市街地と郊外型SCとの関係、中町商店街の現状なども事前に説明した。さらに大都市の百貨店と地方都市の百貨店の相違。地方都市の百貨店の現状とロケーション、二〇〇九年高校生調査の結果を参考にした情報も提供した。

つまり、酒田市中心市街地中町商店街の「清水屋百貨店」という前提を、回答してもらう大学生たちに総合的に把握してもらった上で、質的調査を実施した。A大学は、清水屋に集中した質問、B大学は、百貨店の論点に関した質問、C大学は、百貨店を総合した回答を求める質問を設定した。いずれも自由回答で具体性を示す記述であるのに注目されたい。

第2節 「マリーン5清水屋」のトピックに関する調査

1 大学生が提示した百貨店オリジナル企画

♣質的調査サンプル

最初の質的調査は、酒田市「清水屋百貨店」に必要なオリジナル企画を提案してもらう問いである。Ａ大学の二七二人の回答である。質問事項はこの一問。すべて自由回答の記述である。ここに記した内容は全調査結果のなかから主要な回答に限定した。類似した内容は複数に絞ったため合計二七二人にはなっていない[10]。

♣調査結果のカテゴリー分類

調査結果を分類する上で、１「総合的トピック」は、全回答のなかで評価の高かったものをトピックとコミュニケーションに分けて記述した。２「百貨店のシステム」全般は、百貨店の構造的な側面での記述が中心。３「清水屋空間づくり」は、レイアウトやデザインに関するもので、フロアのあり方などを若者の意見でつづった。４「清水屋百貨店グルメ」は、まさに地域特産を用いた、まちおこしなどにもみられる企画中心。５「清水屋百貨店ファッション」は、若者がもっとも関心をよせる領域であり、積極的な記述が目立つ。６「清水屋イベント・アミューズメント」は、今日のトレンドを重視しながら百貨店集客に関する企画が多い。７「清水屋ご当地エンタテインメント」、地元の特産にコラボした流行りのスタイルを取り入れた企画が中心。最後は、９「東京意識」である。

質的調査のカテゴリー分類とはいえ、いずれも各カテゴリーに密接に関係している事項であることは否定できない。ただ、地方百貨店のオリジナル企画という明確な視点からの記述であり、現実性に富んだものであることは重要と考える。以下に、主要回答の記述全文を記していく。

---

(10) カテゴリー分類に反映させるために類似回答は調整した。

2　清水屋百貨店に必要なオリジナル(11)(質的調査Ⅰ)

〈総合的トピック〉

①トピック

☆「デパイチの惣菜をビュッフェスタイルで味わえるシステム。最初にご飯かパンが盛られたプレートを用意し、フロアすべての店舗から自由に惣菜を選択し、フロア内に設置されたテーブルで食事ができる。百貨店は、どうしても〝個々の店〟という性格がある。デパートの食品コーナーは、たくさんの美味しそうな惣菜に囲まれている。その場で食事ができたら楽しい。」(女子、一九歳)

☆「店内での買物のみならず、建物・装飾などを楽しむ空間。なじみやすいデザインや装飾、冬ならイルミネーション、花壇。室内にいながら外を楽しむ。」(女子、一九歳)

☆「SCは日常的な空間、百貨店は特別な空間のような気がする。子どもの誕生日プレゼント、恋人の記念日に贈り物など。ロマンチックな空間としてプラネタリウムがあったら、歩き疲れたら休憩というのも素敵。」(女子、一九歳)

☆「外国の都市の文化との交流、イベント・出店・展示など。外国人を招待。参加型のサブカルチャーイベントも開催。アニメ・マンガ・コスプレなど若者が積極的に参加できる。隠れ家的な風変わりスポット、一角に江戸・エキゾチック・近未来など誰でも居座れるような多種多様な空間。」(男子、一九歳)

☆「安心して座れる空間。図書館兼書店、無料の美術館のような画廊、違った意味で広々座れ

(11)「清水屋」百貨店に限定した内容の回答を求めた。

る。」（女子、一九歳）
☆「百貨店のイメージや質を落としたくなければ展覧会などを開き、併設してある飲食店などにアーチストを呼んでみる。百貨店に入る動機にもなる。」（女子、一九歳）

②コミュニケーション

☆「月に二回、百貨店の商品を使用したファッションショーの開催。親が子どもに似合う服を選んであげる。友人どうしで相手の服を選んであげる。カップルはある部分をペアルックにしたデザインの服やアクセサリーを選んであげる。もっともよかったコーディネイトしたお客さんには商品券などをプレゼントする。お客さんと店員さんとのコミュニケーションの機会も増える。月に一回、モデルになるオーディションの開催。清水屋の広告モデルになってもらう。」（女子、一九歳）
☆「親と子のペアルックファッションショー。モデルに来店してもらい、読者モデルファッション講座を開講。百貨店内で撮影されたカップルの写真展。」（男子、一九歳）
☆「親子向け室内動物園、小さな穴があり、そこから専用のエサを与える。親と子のふれあいの場。」（女子、一九歳）
☆「友人どうし向けのバイキング形式の食事ができる料理店を開く。会話がはずむ。恋人どうしの工芸体験教室、吹きガラスや陶芸も可。ペアグラスを作りふたりだけの想い出作りができる。」（女子、一九歳）

〈百貨店のシステム全般〉

☆「清水屋店内を若者向けフロアとミセス・中高年向けフロアに分ける。既存のフロアにS・MALL[12]のような場をつくる。年齢層に応じた空間構築。」（女子、一九歳）

☆「1Fフロアが大切、絶対。スタバ的なおしゃれで美味しいカフェ、名物カプチーノを作る。でっかい休憩スペース、丸テーブルとかがある。モアレ[13]の店舗を入れるか本店でしかないメニューなども宣伝しておく。電光掲示板があって店内の確認ができる、チラシもおく。最上階には映画館をつくる。全体のイメージカラーは白。」（女子、一九歳）

☆「地方都市によくある郊外の複合型ショッピングモールではなく、一〇～二〇代に限定したファッション専門のビル。雑貨やインテリア関係の店舗や書店など文化的なジャンルの配置、でも服だけにとどまらない品ぞろえが可能。若者が気軽に足を運べる。若者向けだからといって、内装をクラブっぽいハデなものにせず、小ぎれいで1Fなどのフードコーナー、軽食やスイーツ・アイスの店が入っていれば、学生だけでなく二〇代以上の人も出かけやすい。」（女子、一九歳）

☆「百貨店独自のメールマガジンを発行し、クーポンなどを配付、広報活動をチラシとネットで積極的におこなう」（女子、二〇歳）

☆「店内のバランス、若い人にも、これまでの顧客も入店できる内容。」（女子、一九歳）

☆「女性が気軽に行けるような店にすること。他の百貨店にない特色ある商品（香辛料など）の販売。静かに食事ができるレストランが一～二店舗あったらよい。」（女子、一九歳）

☆「トイレのきれいな百貨店は、つぎも出かけたくなる。」（女子、一九歳）

☆「いままでの店も残しつつ、各フロアに全くジャンルの違うお店を配置する。それぞれの年

---

(12) 隣の鶴岡市にある若者ファッション中心の施設

(13) 中高生一番人気のジェラートのお店

齢層が楽しみ、食事時間は、フードエリアに集まるようにすれば家族で楽しめる。ファストフードエリアとレストランエリアに分け家族全員満足できる店。」(男子、一九歳)
☆「清水屋百貨店に映画のようなキャッチコピーをつける。」(男子、二〇歳)
☆「コラボ企画、学校と商店街の共同文化祭。」(男子、一九歳)
☆「各フロアにテーマをつくる。それはターゲット(階層)になる。お祭りを増やす、屋台・浴衣に盆踊り、日本人はお祭りに弱い気がする。」(女子、一九歳)
☆「ビレバン・スイーツパラダイスは絶対入れるべき。そういう階は上階にする。理由は、母の日や父の日が近づくにつれて、ついでの時に気安くなる。不良さんも面倒くさがって上がってこない治安もOK。途中に、サーティワンやスタバをつくると老若男女の交流も増える。テーブルとイスのみの場所を広く、買ったものを持ち込んで食べたいです。」(女子、一九歳)

〈清水屋空間づくり〉

☆「読書スペースのある本屋、フロアの周りに本屋のスペースがあり、窓の近くに喫茶店のようなテーブルを設置、ドリンクや軽食を販売する。本を購入後にそこでくつろぎながら読書、友達との会話、百貨店を歩き疲れての休憩の場として提供する。」(女子、一九歳)
☆「噴水の利用、清水屋エントランス前の噴水周辺を利用した空間づくりを考える。季節に沿ったイベントを絡ませる、せっかくの人魚(14)がかわいそう。」(女子、一九歳)
☆「本屋と連携しているカフェもしくはレストラン的なもの。若者は飲食店も欲しくて本屋も欲しい。そしておしゃれなカフェにいくだけで何かしらのステータスを上げる。一方ミセス世代は井戸端会議ができる場所、なおかつ雑誌というコミュニケーションツールを無料で読

(14) エントランス前にある清水屋のシンボルの人魚像

める。ただし、注文したお客さんのみ雑誌を読めるのが条件。」(女子、一九歳)

☆「ベンチの有効活用、清水屋のベンチは、一般人が気軽に座るには、ノイズが多い。関係者以外のたまり場になっている事情もあり、おしゃれ空間として再考。」(女子、二〇歳)

☆「快適な図書館。リサイクルで不要になった本を利用、中高年だけのファッション空間にする。時代ごとに一世を風靡した作品や商品の展示、若者も時代を知る機会にもなる。和式なカフェ空間も併設、メニューは日本茶のみとか。」(女子、一九歳)

☆「待ち合わせ場所、有料休憩所、ドリンク付き。」(女子、一九歳)

☆「勉強場所と飲食と書店空間。清水屋の一部分を机とイスを配置した勉強場所にする。学校でも塾でもなく自宅でもない、〝第三エリア〟としての学習スペース。隣接して、勉強の合間に飲食できるお店、勉強のツールとして利用できる書籍をそろえた書店があれば、有効的に集客が見込めるのでは。」(男子、一九歳)

☆「絵本、児童図書が多く置かれたカフェ。店内で母親たちはお茶、子どもたちは本を読んで時間をつぶすことができる。目の届く場所に子どもがいて親は安心。」(男子、二〇歳)

〈清水屋百貨店グルメ〉

☆「食品コーナーの気に入ったお店の惣菜を好きなだけ店内で食べる。デパートの食材は美味しいものが多く、すべて味見したいという欲求に応えるしくみ。」(女子、一九歳)

☆「おしゃれなカフェ、生演奏付きも。家にいるような感覚もあれば。」(女子、一九歳)

☆「酒田市内のラーメン専門店、B級グルメコーナー、地元のお店に出店してもらう。食のバリエーションを多めにしてみる。」(女子、二〇歳)

☆「スイーツショップといってもケーキやお菓子を食べるだけでなく、お菓子やケーキのキーホルダーやデコグッズ、キャラクターぬいぐるみ文具。スイーツをモチーフしたもの、スイーツをテーマにしたものを集めて可愛らしく装飾する。」（女子、二〇歳）

☆「百貨店のなかに〝とりあえず空間〟としての飲食店を集める。若者だけでなく年配の方も落ち着けるエリアにする。」（女子、一九歳）

☆「酒田・東京におけるミニグルメコーナーの設置。特産品を並べる。」（女子、一九歳）

☆「期間限定主要都市人気のスイーツを集めてケーキ、お菓子の販売。または食べ放題スペースを用意する。」（女子、二〇歳）

☆「巨大なフードコートを設置、軽い食事をするために若者から年配者まで訪れるように様々なジャンルの飲食店を用意する。世代の幅広さを考慮し、価格も学生向けの店から本来、百貨店を訪れる大人の店までジャンルを広げる。」（女子、一九歳）

☆「外観がカワイイカフェ、そこでしか食べ飲めないメニューを何種類か作る。酒田の街を象徴するキャラクターなどの形をあしらう。」（女子、二〇歳）

☆「ケーキ食べ放題など、田舎にはないようなイベントをする。全国各地の有名なスイーツを集めて〝試食会〟や〝おしゃれカフェ〟をつくる。来店者には、記念品としてスイーツを形とったストラップやキーホルダーをプレゼントする。スイーツコンテストなどの開催（来店者の投票で）。」（女子、一九歳）

☆「スターバックスをまずつくる。その横に神戸屋キッチンを並べ、日常とは〝少し違う〟みたいな空間づくりが重要なのでは。」（女子、一九歳）

☆「高級レストランか、全くの昭和の大衆食堂（あらゆるメニューが存在する）を設置する。

とくに大衆食堂はランチタイムでは最高の集客を見込める。」（女子、二〇歳）

☆「庄内に出かけると必ず美味しいものが食べられると楽しみにしていた。庄内豚とか地元の野菜を使ったお店に魅力を感じる。清水屋では、イタリアン・フレンチ・日本食、ジャンルを問わず、庄内の特産品を用いたグルメパークをつくって欲しい。」（女子、一九歳）

☆「期間限定エリアをつくる。数週間ごとに店を入れ替える。飲食ならば、女子受けする〝クリスピークリームドーナツ〟や〝コールドストーンアイス〟など、衣服も原宿にある店などに出店してもらう。どれも期間限定が大事。若者に限らず日本人は期間限定に弱い。継続するために来客者に〝今後欲しい店〟などのアンケートを実施、ネタ切れを防ぐ効果もある。常備店の確保も重要。」（女子、二〇歳）

☆「百貨店のなかの〝とりあえず空間〟をつくる。有名どころのカフェなどできれば、話題になるし、人も集まる。」（女子、二〇歳）

☆「季節にあった甘味の提供。清水屋百貨店しかないデザートメニュー。季節に合わせて何種類か用意する。服や雑貨には流行があるが甘味にはあまりない。」（女子、一九歳）

☆「スイーツ屋にする。和を中心としているがお店の雰囲気は若者向けにする。雑誌を置き、テレビを配置して、従業員も二〇代前半女性にする。和なのでお年寄りも楽しめる。店内装飾はかわいくして、和を売っていないようなスイーツ店にする。和であるのに、店頭は可愛らしいピンクのハウスにして、いかにもケーキ屋のような雰囲気を漂わせる。そのお店の名前は漢字で〝抹茶〟のようにギャップをみせる。市内でも目立つお店にさせる。若者好きな低カロリースイーツを入れてみるのも一つの手。」（女子、一九歳）

☆「一フロアをスイーツバイキングのお店に。若者〜高齢の方まで年齢層をターゲットに様々

なスイーツを取りそろえる。食材はすごく新鮮なもの。」(女子、二〇歳)
☆「〝SAKATA'Sコールドストーン〟。アイス専門店で山形県産の果物使用、清水屋でしか売っていないものを出す。〝絶対に酒田市にしかないアイス専門店。食べたいと思うなら酒田に来い!〟をキャッチフレーズ。」(女子、一八歳)
☆「百貨店の飲食エリアに酒田のラーメン店を集める。スイーツをラーメン店で出すのもよい。若者は食べ応えのあるものが好き。」(女子、二〇歳)
☆「レストラン街の一部、もしくは全てを屋台形式のお店にする。たこ焼き・お好み焼き・ラーメン・フランクフルト・デザート・ドリンクなど。酒田の特産品を使ったお店があると酒田でしかできない商品も生まれる。楽しい気分になれる。」(男子、一九歳)
☆「女子高生から主婦、お年寄りまでが集えるために、月単位・週単位で変わるお店。中高生のおやつ、主婦の自分へのごほうび、お年寄りの和食お惣菜など。買ったものをその場で食べるスペースもあると、突然のお客さんもつい買ってしまう。あのお店まだやっているかなと、清水屋イコール楽しい場所。リピーターも増える。」(女子、一九歳)
☆「名産品で作ったデカ盛り料理の提供は魅力。」
「買物をしたら別のフロアのサービス券がもらえる。」(女子、二〇歳)
☆「百貨店で高校生たちが料理を作り提供する高校生レストラン。」(男子、二二歳)
☆「買ったものを食べることができる場所、ガヤガヤした感じではなく、レストランみたいに落ち着いて食事ができる。SCのフードコーナーとは異なる。」(男子、一九歳)
☆「全国的な粉もの名店街。粉物を使う名店を集結させたエリアをつくる。ファッションの買物で、ずっと立っていると疲れる、どこかに座りたい、飲食したい。人の流れは、〝粉もの

名店街〟で楽しむという図式。」（女子、二〇歳）

〈清水屋百貨店ファッション〉

☆「一フロアすべて同一ブランドファッションだけにする。あるいは一つの属性だけに絞る。女性誌の～系のお店だけにして、困難であれば通販あつかいにする。若い女性たちにとって酒田でもリアル感覚で買い物ができると喜ぶ。」（女子、一九歳）

☆「雑誌などで掲載されるよりも少し早く店頭で紹介する。ブランド物などを酒田でも購入できるコーナーを清水屋のなかにつくる。雑誌系統別に分類する。」（女子、一九歳）

☆「ファストブランドを入れることで地方での話題になるのでは。集客力はあると思う。このブランドは世代が広いためにいままでの客層も逃がさないと思う。」（女子、二〇歳）

☆「ファッション系で、中高生のおこづかいで買えるようなお店もあったら。手軽な値段のアクセサリーも置いてあればいい。バイトする場所も少ないと思うので。」（女子、二〇歳）

☆「一〇代～二〇代男女向けのお店。地方の若者はちょっと派手目なものが好きなので、森ガール・カジュアル・ギャル系・V系など、ジャンルの違う、強め趣向の店舗をおくことも考える。SBYのような〝とりあえず空間〟、メイクの試供、話題のドリンク、コテ、ドライヤーなどが使える。メイクの試供ができればコスメ売り場の売る上げも伸びる。ただし、百貨店のわくのなかで可能なのかが問題。」（女子、二〇歳）

☆「婦人服のコーナーに高い年齢層向けのブランドを置くだけでなく、109に入っているようなブランド商品を配置する。百貨店のおもちゃ売り場、子供服コーナーのフロアにも中高生向け、ディズニーやキディランド、アニメイトなどもあつかう。」（女子、一九歳）

☆「有名ファッションブランドとのコラボレーションで清水屋オリジナルグッズを作る。Ｔシャツなど、清水屋限定をアピール。」（女子、二〇歳）
☆「地元の女の子をモデルにしたファッションショーまたは写真撮影会・展覧会。モデルの女の子は大きな雑誌をみているような感覚になる。若者だけでなく、母親世代などのモデルも使う。」（女子、一九歳）
☆「雑誌直営のショップを清水屋の店内に置く。若者が望んでいるのは雑誌に掲載されているようなお店である。雑誌に載っている服や雑貨を直接買える店の存在。雑誌ネットショップから出てきたような。〝ＪＪ・Ｓｈｏｐ〟〝Ｒａｙ・Ｓｈｏｐ〟など、ブランドは問わず、その雑誌に載っているものを集める。」（女子、一九歳）
☆「清水屋百貨店に集客を呼び込むには、若者向けファッションブランドを入れるのがもっとも重要な策である。」（女子、二〇歳）
☆「トレンドのかわいい服がある店が欲しい。Ｓ・ＭＡＬＬには、サーティワンも新星堂もあるので、女子高生のたまり場になっている。近くにカラオケ店もあるのも大きな要因だと思っている。この流れが休日の鶴岡の高校生の遊び方になっている。」（女子、一九歳）
☆「一番売れている雑誌に掲載されているお店を積極的に清水屋に取り入れることで都会の流行に遅れないようにする。むしろ、都会が清水屋を後からおいかけるような情報網をつくるべき。カップルで立ち寄れるカフェやファッション系のお店も。」（女子、二〇歳）
☆「浴衣の販売。浴衣を着る中高生や二〇代の女子が増えた。ミセス世代くらいに合う浴衣と、キラキラとラメが入って、帯がすでに結ってあるものとかの今っぽい浴衣を一緒に売る。母と娘、女の子どうしで来てもよい。浴衣を着ていく目的がなければ、清水屋がそうしたイベ

ントを開催する。」(女子、二〇歳)
☆「大人と子どもがどちらも楽しめる場。安くてかわいい洋服を二人とも買える。洋服が高ければ、二人セットで買うことで安くなるような工夫も。」(女子、一九歳)
☆「清水屋で購入した服を着た若者や親子やカップルのためのスペシャル空間をつくり、サービスを考える。清水屋で購入した服であることを条件とする。」(女子、二〇歳)
☆「ファッション売り場を若者向けへ、一〇代後半から三〇代くらいを対象に月や数週間単位で系統別ファッションの売り場を作り、ローテーションしながら販売する。もっとも売り上げの多かった系統ファッションを通常の売り場で販売する。」(女子、二〇歳)
☆「とりあえず清水屋に出かけようという気になるファッション店舗。」(女子、二〇歳)
☆「毎週、数店舗がファッション福袋セールを実施する。」(女子、一九歳)
☆「ストリートブランドとハイブランドの融合した大型施設。中高生が最初に影響を受けるファッションと大人になって定着するファッションとのコーディネイトをしてくれるような場所を清水屋に。一人の人間が清水屋と一緒に成長していくことに。」(男子、一九歳)
☆「酒田に109をつくる。〝酒田109〟清水屋。」(女子、一九歳)
☆「清水屋百貨店内に109を入れればよい。109に出店しているブランドをいくつか入れることによって中高生は買いにくる。109の服はネット通販でも購入できるが、実物をみて買いたいと思う中高生は多い。」(女子、一九歳)
☆「ファッションセール、わざとシーズンオフの服を用意して安く販売する。いろんなジャンルの服を集めることは、お客にとっても便利。」(女子、一九歳)
☆「清水屋にアウトレットコーナーをつくる。ブランド品のあつかいとも関係し、百貨店のバ

ランスも維持できる。安い商品に集客にも影響を与える。」(男子、二〇歳)

〈清水屋イベント・アミューズメント〉

☆「清水屋百貨店内にスペースを設け、流行になっている現象(モデル)や商品を紹介するコーナーを設置、定期的に内容を変える。」(男子、二〇歳)

☆「SC以外に意図的につくりだした〝とりあえず空間〟を。」(男子、二二歳)

☆「市内中高生のサークル活動の場や舞台をつくり、若者や家族を呼ぶ。」(男子、二〇歳)

☆「清水屋ガールズコレクション(SGC)開催。清水屋百貨店に若者向けファッション店を入れる。〝母と娘で楽しめるショッピング〟の形成。都会にあこがれをもつ若者向けに〝擬似東京〟をつくる。購買意欲が格段に上がる。定期的におこなえば清水屋のシンボルイベントになる。」(男子、一九歳)

☆「一フロアのみファッション専門にする。書店と雑貨店とファッション誌を一つのフロアにおいて、ショップ店員のような配置、東京とのタイムラグを解消することを目的とする。他のフロアはこれまでの客層をターゲットにする。」(男子、二〇歳)

☆「清水屋百貨店をモデルにしたアニメの制作。舞台は清水屋で、清水屋あってのストーリー構成。」(男子、二〇歳)

☆「渋谷・原宿のお店の人が映像によって、リアルタイムで服を紹介する。清水屋店内の服と渋谷などで人気の服をコーディネイトしてくれる。中心都市の服と百貨店の服をコラボさせて人気上昇、集客につなげる。」(男子、一九歳)

☆「飲食とアミューズメントを組み合わせた施設。飲食系は若者向けに数ヶ月単位でフェアを

開催。新しいフェアのたびに客を呼べる。」（女子、一九歳）
☆「ゲームコーナーに、いま話題の〝コスプリ〟（コスプレなプリクラ）を取り入れる。メイド服やちょっとしたネタになるコスチュームの貸出など。」（女子、二〇歳）
☆「とにかくたくさん集めましたフェア。一九七〇年代から今日までの雑誌やおもちゃや衣服をジャンルごとに並べ、清水屋店内で展示・販売会を開催。酒田の歴史や街に関するグッズなど、懐かしさや、後世に向けた継承にもなる。」（女子、二〇歳）
☆「清水屋百貨店アイドルの誕生。一般応募のミスコンの開催。清水屋のイメージキャラクターをつくり、グランプリはCM出演。広告にも起用、キャラクター化することで若者も興味を示す。一般からの応募なので、地元民の注目度も高い。毎年開催し、AKBのような百貨店アイドルをつくる。」（女子、二〇歳）
☆「清水屋百貨店一日店長企画。毎月一回、有名タレント、モデルなどによる。特設ステージで一日店長のファッションショー、トークショーなどを開催。」（女子、二〇歳）
☆「季節にちなんだイベント、〝百貨店DEお化け屋敷〟。」（女子、二〇歳）
☆「清水屋スイーツパラダイスをつくる、バイキングも可。地元でとれた野菜中心で経済効果にも。」（女子、一九歳）
☆「エンタメフェア、ミーハーなあなたへ。芸能界と何となく繋がっているようなそんな空間をつくる。OA中の映画やドラマに関連した本やグッズを置く。」（女子、二〇歳）
☆「清水屋店舗ビンゴ大会。各店舗で買い物をするたびに一回ガラガラできる、たくさんのお店をまわらせる。ビンゴになったら商品券などプレゼント。」（女子、一九歳）
☆「清水屋（中町デパ前）モール特設イベント、ズバリ芸能人によるパフォーマンス。」（女子、

二〇歳）
☆「店内アートフェスタ開催。エントランスからフロア・階段・エスカレーターすべてをデコレーションする。市内小中高生に協力してもらう。」（女子、二〇歳）
☆「萌え系清水屋百貨店キャラクターを一般から募集してつくる。」（女子、一九歳）
☆「清水屋×酒田老舗コラボレーション。定期的に市内老舗の商品を清水屋のコーナーでイベントを兼ねた企画を実施、酒田の歴史を知る機会に。」（女子、一九歳）
☆「既存の百貨店フロアと専門店街フロアに分ける。専門店街には若者が集まるフロア、家族一緒に来ても、両エリアでバランス良くデパートを楽しむ。」（女子、二〇歳）
☆「デコレーションエリア、ケータイのデコからバックの刺繍まで幅広くデコができるカフェ。カタログコーナー、女子はたくさん集まって手に取る。清水屋会員カードをもちろんカワイイデザインにする。」（女子、二〇歳）

〈清水屋ご当地エンタテインメント企画〉
☆「アイドルを店員にした百貨店にする。アイドルと話ができて買物もできる。各フロアに配置した企画。」（女子、一九歳）
☆「メディアの注目アイテムをすぐにそろえる、類似品でもいい、入荷した時点で話題になる。」（女子、二〇歳）
☆「酒田市を舞台に生活する女の子（男の子）たちの日常を描いたマンガ・アニメをつくり、清水屋百貨店が聖地になれば出店したいと思う企業（ブランド）も増える。全国に向けて募集すれば、エントリーは必ずあるはず。」（女子、一九歳）

☆「〝酒田ミュージアム〟。酒田を舞台にした映画・ドラマ・小説などの関するすべてのグッズを集め、紹介・展示。ゆかりのある地元特産品もあわせて販売。」(女子、二〇歳)

☆「〝清水屋キャラクターづくり〟。オリジナルのカワイイキャラクターをつくり、清水屋のCMや店内に飾る。動画配信もしてみる。」(女子、一九歳)

☆「雑貨街・清水屋ストリートの形成。百貨店のブランド性を維持し、月替わりフロアを設けて、いろいろな雑貨コーナーにする。手芸材料が豊富で、吉祥寺ユザワヤくらいになるとかなりのインパクトになる。」(女子、一九歳)

☆「〝刈屋ナシフェア〟。酒田のブランドフルーツの刈屋ナシに関するオリジナルフェアの開催。純粋に酒田の果物は〝刈屋ナシ〟、それを清水屋でイベントする。」(女子、二〇歳)

☆「芸能人が立ち寄る酒田のデパート。月に一度でも芸能人にきてもらい、〝必ず立ち寄るデパート〟というキャッチフレーズをつくる。」(女子、一九歳)

☆「酒田清水屋百貨店オリジナルB級グルメ、酒田の清水屋にいかないと食べることができない。酒田の名産品を取り入れた親しみのある料理をつくってみる。」(女子、一九歳)

☆「オリジナルTシャツを作り全スタッフが着る。たまに、スーツとかより親しみやすい。ポロシャツでもいいし、定期的そんなスタイルの日をつくる。」(女子、二〇歳)

☆「百貨店だけどふれあいの場として、とりあえずいきたいと思う、〝とりあえず空間〟を考える。毎週何曜日は〝キャラクターの日〟とかにして、店員さんがキャラクターのスタイルになる。本物を呼べないまでも効果はある。」(女子、一九歳)

☆「世界旅行企画、酒田市の清水屋百貨店にいながら世界の料理や雑貨などが買える。名付けて〝WORLD×WORLD in SAKATA〟。」(女子、二〇歳)

☆「清水屋をテーマにしたドラマ『百貨店戦争』的なアクションをとり、配信する。清水屋のギャグを考え流行らせる。アイドルユニット〝シミーズ〟を結成。」(男子、一九歳)

〈東京意識〉

☆「各階のイメージを東京の街にする。ファッションフロア原宿、ミセスコーナー巣鴨、アニメ・サブカル系フロア中野、本屋は神保町、CD店など高円寺や下北沢という風に、東京タワーと酒田の街を混ぜたような感じに。擬似東京空間。」(女子、一九歳)

☆「雑誌に載っている店にいけるのはいい、東京にある店の二号店という形にして、酒田オリジナル雑誌に載せて売り出す。東京と近い距離にいると認識できれば酒田の街の人びとの自信にもなり、不満も減るかもしれない。」(女子、一九歳)

☆「日替わり東京展のように、東京にあるお店の服などを日替わりとかで入れる。関連グッズをつねに清水屋で購入できれば、東京との距離も縮まる。」(男子、一九歳)

☆「個人的に地元ではなく東京に行きたいのは、地元がダメだからでなく、東京に欲しいものがあるから。具体的にいえば、東京の店は、品ぞろえがよい。清水屋には、ネットでも通販でも、東京の注文と受け取りができるコーナーがあれば、若者だけではなく、高齢者にも便利ではないか。」(男子、二〇歳)

☆「清水屋百貨店内に、ミニトーキョーと題した、渋谷のハチ公レプリカや酒田の竹下通りといったフロアをつくり、あたかもテーマパークのようにしたら若者も集まってくると思う。地方の若者たちは、東京のブランドにあこがれを抱いていると思うので、そのブランド性をうまく利用したらいい。」(男子、二一歳)

☆「清水屋で定期的に東京展をする。今月は、原宿で話題のファッション店、来月は新宿で有名なジェラートの店（モアレと相乗効果）など若者向けの感じ。ジャンルは問わず、東京へのあこがれみたいなものが強くあるなら〝東京を再現〟的なコンセプトでもよい。酒田で東京を常時味わうことでコンプレックスも解消されよう。」（女子、一九歳）

第3節　「マリーン5清水屋」のコミュニケーション企画

1　百貨店のコミュニケーション空間を考える

♣質的調査サンプル

二つ目の質的調査は、百貨店が必ずしも年齢の高い客層ばかりではないことを検証する目的にある。「百貨店のコミュニケーション空間」と「百貨店のエンタテインメント企画」の提案である。B大学の二六一人から回答を得た。質問事項は、この二問であり、すべて自由回答の記述である。質的調査一の記述同様、類似した内容は一部割愛している。したがって合計は、二六一人になっていない。(15)

♣調査結果のカテゴリー分類

質的調査Ⅱでは、百貨店の対象年齢を高めに設定するだけではなく、目的に応じた対応が可

(15)　質的調査Ⅱ同様に類似回答は代表的な回答に調整。

能となる点を重視した。中高生が欲しい商品があった場合、親に買ってもらう。親と子とのコミュニケーションが百貨店で完成する。友人どうしやカップルなら、お互いの特別な日に、贈り物をするなら、ブランド価値のある商品選択に走るだろう。百貨店は、友人どうしあるいはカップルどうしのコミュニケーション空間の役割を果たす。

質的調査Ⅱの回答を分類すると、1「百貨店の空間スペース」、2「百貨店の空間デザインとグルメ」、3「百貨店の空間デザインと屋上」、4「百貨店のシステム」、5「百貨店の特設イベント」、6「百貨店企画」、7「百貨店の体験企画」、8「百貨店のファッション」という八つのカテゴリーに分けてみた。とはいえ相互に共通する内容であることは百貨店という枠のなかで考えた結果である。

2　百貨店のコミュニケーション空間とエンタテインメント空間(16)（質的調査Ⅱ）

〈百貨店の空間スペース〉

☆「親と子の場合、カフェ・本屋・雑貨屋（台所用品など）の組み合わせが必要。母とコーヒータイム、理想はスターバックスやサンマルクのようなカフェ。」

「友人どうしの場合、映画館・ゲームセンター（若い人びと以外もいる）・フードコーナー（勉強する時などよく集まる）」（女子、一九歳）

☆「エントランス付近のフロアの飲食店数を増やす。割引券・サービス券的なもの、カップルや親子だとお得〜みたいな。誕生日割引とか。」

「店員を全員二〇代の女性にしてみる。」（女子、一九歳）

(16)「清水屋」百貨店に限定した内容の回答を求める。

☆「SC系列でバイトをしている経験上、どこも休憩所が少ないような気がする。お店の前で待っているあいだ、小さい子はとくにつまらなそうにしているから、遊ぶ場所を身近につくる。若い人を入れるには、イベント?・見たことのない展示物系。」（女子、二〇歳）

☆「百貨店のコミュニケーション企画としては、品物を乱雑に置くスペースに、見やすいディスプレイでズラーッと入れる。小物や生活用品でもキャラクターや動物を使った品の場所を増やす。見ているだけで楽しくなり話もはずむ空間。それに百貨店の前（モール）にイスをたくさん並べる（休憩所）。」

「エンタテインメント企画として、チョコレート売り場ならチョコレートの、ケーキ店ならケーキの食品サンプルを目の前で作ったりする。実際に完成したものは客にあげる。実際、おもちゃ屋スペースなどで子どもたちが遊べる空間をつくり、保育所みたいな雰囲気で気に入ったおもちゃを買ってもらう。飲食スペースの確保（ベンチや食堂のようなイスやテーブル）。」（女子、一九歳）

☆「近隣の幼稚園や保育園の園児たちの作品を頻繁に展示し、それにかかわるイベントを定期的に開催する。園児たちに百貨店の雰囲気を味あわせる機会になる。」（女子、一九歳）

☆「立ち読み出来て、座る場所もあり、話が出来る本屋。親子用・友人用・カップル用のメニューがあるレストラン。百貨店のフロアごとに親子の階・友人の階・恋人の階に分けて楽しめるようにする。」（女子、一九歳）

☆「買った荷物を確認したり、身につけたり、眺めたりするような空間。百貨店にはそういった場所が少ない（あっても休憩程度のイスのみ）ので、もっと広々としたゆったり空間があれば、購入したものをみて会話もはずむ。」（女子、二〇歳）

☆「そこに出かけ、リラックスできる企画。」（女子、一九歳）
☆「居心地のよい休憩スペース。思わず見てしまう装飾（会話のタネに）。歩いているだけで楽しい内装。」（女子、二〇歳）
☆「休む空間、簡単に言えばイスの設置を増やす。百貨店にはイスが少ないように思える。」（女子、二〇歳）
☆「リゾートに来た気分へ!! 買い物をしたら休憩の場所が必要。百貨店の休憩の場は、隅っこでこじんまりしているので、お店とお店のあいだを行き来するあいだのスペースを広くして、円形のイスなどをつける。百貨店の高級感を保ちつつ、落ち着きのある空間へ。出かけるだけで別世界に来たような気持ちになる。」（女子、二〇歳）
☆「噴水やちょっとしたプールなど、水遊びができる空間を夏限定でつくる。季節に合ったシンボルをつくるとよいのかもしれない。春には桜を眺め、ゆっくりとお茶を飲む場所を設けて、秋にはお月見ができてお団子が食べられるとよい。やっぱり日本人だし、季節を楽しみたい。それは親子でも友達でも恋人も同じだと思う。」（女子、二〇歳）
☆「コミュニケーション空間デザインとして、プラネタリウムのある空間、一般の書籍や電子書籍の読むスペース（レンタル）、足湯や足プール、周辺にかき氷やお汁粉を販売するブース。」（女子、二〇歳）
☆「足湯、夏は冷たく冬は暖かく、誰でも利用できて快適な空間。」
「いつどのショップでやるかわからない一五分間の大幅セールの開催。」（女子、一九歳）
☆「家具・生活用品を売るフロア。各ブランドのソファやイス・テーブルを置いた休憩所を設置。ただ、販売ゾーンと離れた場所に置く。販売員の目を気にせず、のんびりできるが、逆

に商品の売り込み作用も期待できる。」(女子、一九歳)

☆「百貨店の高級感を利用して〝特別な場所〟を演出する。たとえば、フロア丸ごとを、どこか特定の場所そっくりにしてしまう。物産展のグレードアップ版のような。ヨーロッパなら室内や噴水に石像などを置く。写真を撮って友達に見せた時〝外国に行ったの!〟とダマせるレベルで。そうすれば外国に行くお金をかけずセレブ感が出せる? 昨今の自粛モードにピッタリ。そうしているうちに嘘ばかりになり、現実さえもバーチャルのような混沌世界へ!」(女子、一九歳)

☆「定期的に高級商品に絞ったセールを開く。」(女子、一九歳)

☆「百貨店のなかに公園をつくり開放する。店内で帰りに買い物をしていけるし、駐車場もいくら以上で無料にすると、タダで帰る人がいなくなる。」(男子、一九歳)

☆「商品を買う以外の目的を持たせる。たとえば、店の商品でラッピングの要求が多いもの(プレゼント用に購入した物)をランキングにして陳列すれば、友人どうしで参考になる。プレゼントを購入したカップルなどで利用できるスペースなどを用意する。」(男子、一九歳)

☆「SCにない空間、それは個室だと思う。SCのフードコーナーなどはより多くの集客を予想しているので、混雑したなかでの〝憩いの場〟はつくりにくい。しかし落ち着いた雰囲気をもつ百貨店ならば、万人に向けで〝憩いの場〟が提供できる。リラックスルームのような個室、パーティルームのような大きめの個室、会議室など目的に合って自由に使える〝個人空間〟を演出することで、親子やカップル、友人どうしのお客のニーズに柔軟に応えることができる。〝お客が考える〟エンタテインメント空間をつくりあげてはどうだろうか。」(男子、一九歳)

☆「音楽が聴けるスペース。ジャンルに関係なく、生演奏が聴けるところ。ちょっとしたカフェも併設すれば会話の弾むゆったりした空間になる。」（女子、一九歳）

☆「大型の読書喫茶カフェ。絵本・専門雑誌・文芸書・漫画何でも読めて購入可。子どもたちも小遣いで買えないちょっと高い本を親にねだったり、友人どうしで異なるファッション雑誌を広げて談笑したり、カップルで好みの漫画を教えあったりできる。漫画喫茶と違っておしゃれだし、百貨店を歩くなかでの休憩場所にもなる。」（女子、二〇歳）

〈百貨店の空間デザインとグルメ〉

☆「百貨店のなかに〝コミュニケーション・カフェ〟をつくる。主に親子が足を運ぶような流行りのファッションやデザイン（マリン柄など）での室内。百貨店のイメージは高価そうというのがネックなので、親しみやすさをテーマに気軽に誰でも訪れるような場所にする。コミュニケーションがいつもより弾むようにイスやテーブルは全て向き合わせで、メニューも〝親子でサンデー〟のような大きいアイスクリームを一緒に食べる。カップルを想像して、他にも〝親子でカレーライス〟とか〝親子でオムライス〟のように、単に食事をするだけでなく、コミュニケーション空間として機能する。」（女子、一九歳）

☆「屋上などを開放してカフェのようなゆっくりできる空間をつくる。緑いっぱい花いっぱいでキレイな感じの空間。」（女子、二〇歳）

☆「各階の中央に一人でも親子でもカップルでも入りやすい喫茶店（イスもちょっと高そうでおしゃれな）をつくる。清潔なイメージで、百貨店の空間インテリアにもなる。」（女子、一九歳）

☆「吹き抜けの公園みたいな広場をつくり、クレープとか、チェロスとかのような露店を置く。SCにはない百貨店ならではの品がありおしゃれな雰囲気を大切にする。それで誰でもいけるような空間。メニューは、二週間～月単位くらいで替えて、週末にはコンサートやパフォーマンスをする。」（女子、二〇歳）
☆「コミュニケーション空間がないというより、値段の高いイメージがあるから人びとはあまり足を運ばない。みな安くて高品質な品物をもとめているのが現実。カフェなど、買い物帰りに立ち寄れる店があるといいし、学校帰りの学生など集客なども見込める。価格も変わらないのなら、百貨店の高品質をアピールでき。」（女子、一九歳）
☆「情報カフェのように、そこでお茶しながら、百貨店のセールや特売情報をキャッチできる場所。そのカフェ空間にいま開催中の特集などのディスプレイを施し、買い物に役立たせる。」（女子、一九歳）
☆「百貨店の物産展などの内容に合わせた〝特別臨時カフェ〟のようなフロアをつくる。物産展のなかによくあるコーナーを発展させて、たとえば、ＡＫＢカフェなどイベントに応じた内容にして、ライブ映像をみながらコーヒーを飲めるとか、ＡＫＢケーキなどを出したりする。」（女子、二〇歳）
☆「商品の隣にカフェをつくる。入口から商品がならび、奥側がカフェ。」（女子、一九歳）
☆「スタバやドトールみたいなかたいカフェではなく、高校生以上のために〝セルフでつくれます〟にして、楽しませる。」（女子、一九歳）
☆「商品購入のアドバイスなどをしてくれるカフェスペース。」（女子、一九歳）
☆「マックやミスドなどの低価格なカフェやフードコーナーに対して、百貨店には少し高めでおしゃれなフードコーナーをつくる。たとえば、GODIVAなどのお店から展開するお茶スペース、そのテーブルコーナーにはスクリーンがあり、名作や話題の映画を観ることができる。高校生までがギリギリSCで、OL世代の友人どうしやカップルは、私たちはこっちという風になりそう。」（女子、二〇歳）

☆「逆にメイドカフェなどを入れ、ネタとしてはおもしろいのでは。」（女子、二〇歳）

☆「既存の物産展でよくみるのは、日持ちする干し物や煮物系、老人が多くなってしまうのは仕方ないが、若者や親子などに向けたB級グルメや洋菓子、テレビなどで紹介されるその地域の商品を増やすことで購買層も広がる。」（女子、二〇歳）

☆「〝劇的空間〟をつくる。SCのようなうどんやファストフードなどのフードコーナーではなく、〝劇的空間をともなったカフェ〟のような空間。たとえば、店員さんはみなおやじのカフェ（フェスティバルトーキョーという舞台芸術の会場で実演された）。非日常的空間をともなったカフェ。」（女子、一九歳）

☆「ご当地グルメカフェ、二～四週間ごとにメニューチェンジ。特産品の料理やデザートをその場で楽しめる。」（女子、二〇歳）

☆「映画カフェ、部屋ごとにデザインが異なり、それぞれ映画のテーマも決まっている。スクリーンがあり、映画を観ながら食事が楽しめる。」（男子、一九歳）

☆「国際的にマイナーと思われる国の文化などを紹介し、そこのめずらしい食事を提供する。」（男子、一九歳）

☆「百貨店のなかを飲食店でいっぱいにする。」（女子、一九歳）

☆「デパイチカフェ。惣菜売り場の各店舗から一点ずつおすすめ商品を出し合いカフェをつく

る。その場で美味しければ、お店で買うことができる。」（女子、二〇歳）

☆「屋上でのビアガーデン、子ども向けのドリンクやスイーツ、流しそうめんも屋上でやる。」（女子、一九歳）

☆「高級レストランの味をもった食事を酒田ならではの料金で提供することで、観光客も百貨店に足を運ぶ。」（女子、二〇歳）

☆「親子で出かける駄菓子屋つまみ食いコーナー。」（女子、一九歳）

☆「百貨店にはあまりないフードコーナー的な場所をつくる。ただし、SCにあるようなお店ではなく、高級感のあるメニューに。ベンチやイスのデザインを工夫し、友人どうしが座るイスは、なるべく向かい合える配置にする。」（女子、一九歳）

☆「月に何回かバイキングデーをつくって、ランチからディナーまで、親子料金・カップル料金で食事ができる。」（女子、一九歳）

〈百貨店の空間デザインと屋上〉

☆「屋上を使ったイベントを月に二〜三回開催する、夏の場合、一週目は〝七夕まつり〟開店から閉店まで開放し、大きな笹をたくさん用意して、短冊を飾ってもらう。昼過ぎまでカフェが営業し、夜はディナーができるバーにする。二週目は〝打ち水大会〟開店から夕方まで開放し、三〇分ごとに打ち水をおこなう。」（女子、一九歳）

☆「屋上庭園をつくる。緑化として夏でも涼しく休憩できる。水遊び場として子どもも楽しめる。ミツバチを放し、庭園のなかの植物から採った蜂蜜を名物品にする。季節ごとのイベント開催、春夏秋冬で庭園の植物を変える。月ごとの屋台でご当地のものを出す。すべての年

代が楽しめるイベント。」（女子、一九歳）
☆「屋上を改造し、野菜などを栽培する小さな畑をつくる。小さな子どもの勉強にもなる。親が子どもに野菜などを教えれば、親と子のコミュニケーションになる。酒田の場合、農家も多いので、逆に専門家を呼んでの体験をデパ屋でするのもいいかも。」（女子、一九歳）
☆「カップル向け屋上遊園地。百貨店で買い物をしたら安く利用できる。」（女子、一九歳）
☆「屋上遊園地の設置は百貨店らしい。SCの屋上は大体が駐車場。一方、百貨店・デパートの屋上は昔から遊園地のイメージがある。時代の流れで屋上遊園地はなくなっているが、いまでも需要はある。SCとの差別化をはかり、百貨店独自のコミュニケーション空間を演出するために、いまこそ〝屋上遊園地〟に注目すべき。」（男子、一九歳）
☆「百貨店でエンタテインメント企画をすればそこはSCになってしまう。昔は百貨店の屋上に小さな遊園地のような場所があった。そこを復活させ、それこそ地方アイドルのコンサートなどをやればSCにならない。百貨店としてのエンタテインメント企画になる可能性もある。」（男子、一九歳）
☆「昔のデパートにあった屋上遊園地の復活。それと併設して、ビアガーデンのような軽食や飲み物を販売するコーナーをつくる。キャッチフレーズは、〝街中で気軽に行ける遊園地〟。中央にステージをつくってそこでショーをやってもいい。」（女子、一九歳）
☆「屋上にベンチ（公園）をつくる。百貨店で商品（二〇〇〇円以上とか）を買った人だけ利用できるカフェも設置。」（女子、一九歳）
☆「百貨店のコミュニケーション空間なら昔から存在している。それは屋上の小さな遊び場。小さい頃、百貨店の屋上はとても楽しい場所だった。いまはそれを少し発展させればいいの

では。定期的なフェスティバル開催で、親と子やカップル、友人どうしでも足を運ぶ魅力的な場所になる。」（女子、一九歳）

〈百貨店のシステム〉

☆「あまりごちゃごちゃと商品を置かず、広い空間をつくり、リラックスして商品をながめられるようにする。コーナーをつくり、親と子とかカップルとかが共有できるもので区切り、リラックスできるようにする。」（男子、一九歳）

☆「エレベーターガールが以前いたように、エレベーターに特徴をつける。ライトアップなどの仕掛けを盛り込み、アトラクションのようにする。」（男子、一九歳）

☆「フロアをジャンルによって分ける。毎月一日は、一般人デー五〇％ＯＦＦ、一一日は、パフォーマンスデー五〇％ＯＦＦ、二一日は、カップルデー五〇％ＯＦＦみたいなフロアづくり。」（男子、一九歳）

☆「ふらっといけるのがＳＣなら、百貨店は、人生相談や悩みを打ち明けられるような秘密感を出せばいい。」（女子、二〇歳）

☆「食に関して百貨店に足を運ぶ人は多い。少し値段が高くても、めずらしいものに人は集まる。食品は１Ｆのメインにおく。」（女子、二〇歳）

☆「百貨店は開放感という部分が足りないと思う。各フロアで個別のお店がスペースをもらい展開するスタイルではなく、各分野にまとまり、協力してそのジャンルの色を出せば客もわかりやすい。機能性の重視。」（女子、一九歳）

☆「フロアがすべてショーウインドウだけでできている階をつくり、店員は一切置かず、あくまでも各店の最新の商品を展示するだけ。少し下見したいだけの時にそのフロアを一周するだけでトレンドがわかる。」（女子、二〇歳）
☆「若い人を呼ぶためには、新しいモデルの紹介、メディアなどで皆が知っていて、持っているとカッコイイと思える商品を集める必要がある。外国に対して強い憧れをもつ日本人にとって、その国の商品などを特別に販売する企画をすれば、カップルや友人どうしの客も訪れるのでは。」（女子、一九歳）
☆「百貨店に行けば何でも揃うというイメージを強くする。人に贈り物をする時も、百貨店の商品は確実に喜ばれる。」（女子、二〇歳）

〈百貨店の特設イベント〉

☆「百貨店のお仕事体験。インターンシップの子ども版。」（女子、二〇歳）
☆「〝一日ピンクデー〟など、色とかを統一したものだけを売る日をつくる。ピンク系のものだけを販売し、店内インテリアもそれに合わせる。」
「週一回の更新で、ファッションやアクセサリーのプロモーションビデオを店内で流し、外のディスプレイモニターでも紹介する。」（女子、一九歳）
☆「いろんなイベントやショーにお客さんを出場させる。」（女子、二〇歳）
☆「百貨店のロビーなどのスペースにグランドピアノが置いてあり、演奏していたのを見たことがある。演奏会ほどかたくなく、ＢＧＭでもよいし、気軽に座って聴いてもよい。これと似たような音楽界や美術館とまではいかなくても小さなコンサートや絵の展示など、少し高級だけど入りやすい企画もよい。」（女子、二〇歳）

☆「アイドル物産展企画。物産展とアイドル。地方アイドルが商店街や名産品を売り出すなら、物産展の売り子として登場。ステージもやればよりいい。」（女子、一九歳）
☆「季節にあわせて見に行きたくなるようなオブジェを展示する。その近くに、売り出したい飲み物やスイーツなどのコーナーをつくる。」（女子、一九歳）
☆「デパイチの商品（食べ物）食べ歩き企画とか、少し高めだけどオイシイものがいっぱいだし、いくらか払えば一口ずつ味見できる。」（女子、二〇歳）
☆「親と子が一緒に遊べる教室のようなプレイルームを設置する。一般客の迷惑にならないようにガラスや防音室にする。」（女子、一九歳）
☆「階上の一角に展望コーナーを開設。鳥海山などが見える日は、何かオプションをつける。鳥海山が見えない日は次回のお楽しみ券などの配布。」（女子、一九歳）
☆「童話の世界のようなスイーツの店をつくる。従業員は童話にあわせたコスチュームにする。子どもも、女性も、お母さんも喜ぶ。」（女子、一九歳）

〈百貨店企画〉

☆「親子割引制度、カップル割引制度など、それぞれの組み合わせに応じて何らかのサービスがある。」（男子、一九歳）
☆「月に一度、親子デー、カップルデーなどの日をつくり、入店したお客さんに特典をつける。中高生などの親子は、親に商品をねだることも多くなる。」（女子、一九歳）
☆「百貨店はＳＣに比べ、頭の堅いイメージがある。むしろ堅いイメージ一直線で、知事・首長（選挙企画）やアイドルの投票企画など、必ずそこに向かわせる試み。」（男子、二〇歳）

☆「各フロアにスタンプ台を設置し、週ごとに場所を変えたスタンプラリーの実施。全部集めたら商品やくじ券などがもらえる。普段人が集まらない店舗にも、必ず人が集まるメリットがある。」（男子、一九歳）

☆「百貨店主導の美術展を酒田でも開催する。注目されている美術品以外に、マンガ・アニメ関係の展示をしたら親子で来るようになる。」（男子、二〇歳）

☆「知名度のある意外性の企画。地元の水族館や老舗喫茶店とコラボした日替わりイベントを開催。」（男子、二〇歳）

☆「百貨店の商品をアイドルや芸能人がプロデュースして、それを販売する。実際、本人が売り子になる。」（女子、一九歳）

☆「店内商品をオークションする。」（男子、二〇歳）

☆「百貨店で毎月お祭りをする。清水屋フェスティバルのような。」（男子、一九歳）

☆「テーマを決めて全員でそれを工作する。チョコレートの城とか、タイヤハウスとか。」（男子、一九歳）

☆「バンドの音量は少なめにして、アマチュアの人たちが一回五〇〇円位で発表できるステージを用意する。その周りには、食事やデザートを楽しめる空間をつくる。」（男子、一九歳）

☆「地方アイドルまたは地上アイドルによるライブ。カップルなど恋に効く占いとか、プリクラ機とかオソロイのものしか売ってないお店とか。」（女子、一九歳）

☆「セール期間中にセール品の元の値段あてクイズ大会開催。当たった人は値札からさらに割引になる。団体（二人以上）でしか参加できない。」（女子、二〇歳）

☆「無料似顔絵コーナー、似顔絵は年齢を問わず人気がありそうだが、少々割高なので、そこ

を無料あるいは一定金額の買い物をした客に提供するという企画。」（男子、一九歳）

☆「百貨店にしかないブランド品をたくさん紹介し、SCとの差別化を図る。」（女子、一九歳）

☆「百貨店とトレンド要素のあるものをコラボレーションさせてイベントをおこなう。そのためのイベントスペース、オリジナルグッズの販売などをする。」（女子、二〇歳）

☆「ただのゲームコーナーではなく、ディズニーランド並みの空間装飾をしたコーナーをつくる。」（女子、二一歳）

☆「お客さんが百貨店の商品をコーディネイトし、勝手にディスプレイできるマネキンを設置。よかった作品は採用され、商品をプレゼント。」（女子、二〇歳）

☆「親子で来店すると料理道具とか、親と子をつなぐグッズがプレゼントされる。」（女子、一九歳）

☆「サロンコンサート、手品、パントマイム、ライブのようなイベントを定期的に開催する。百貨店の上品さや雰囲気を壊さない内容で。」（女子、二〇歳）

☆「百貨店とSCの大きな違いは、高級感にあると思う。たまには思いっきり〝高級感〟に浸ってみる。ドレスアップしての撮影会開催。百貨店が用意したドレスを選んで着て、友達・親子・カップルどうしで記念撮影ができるイベント。友人どうしは、〝コスプリ〟（コスプレをしてプリクラが撮れるサービス）のような感覚、親子は七五三やお姫様ごっこの感覚、カップルは結婚式もどきで楽しむ。」（男子、一九歳）

☆「百貨店となるとSCとは違い若者が立ち寄りにくい空間という認識があり難しいが、食べ物に関しては誰もが興味を抱くと思う。百貨店のフロアを大きく使って〝フード展〟的なものをおこなう。」（女子、二〇紗）

☆「百貨店は高くて堅苦しいイメージがあり、年齢高めの方が多い。それこそＡＫＢのグッズやアニメ関連のショップを入れてみればいい。好きな物や夢中になっている物に貢お金はケタが違う。」（女子、一九歳）

☆「バレンタインの時期になったら、赤・ピンク・白い色が入ったもの五％ＯＦＦに。フェアを大々的にして告白企画とか、成功した二人には商品有。郵便局とコラボして遠く離れた恋人にチョコレートと贈り物を百貨店で出せるようにする。七月七日は全員浴衣。祭りの日に浴衣で来店された方は、五〇〇円引きとか。」（女子、一九歳）

☆「百貨店の有効な通貨を発行する。毎日、デパートの売り上げ状況により、レートが変化する。」（男子、一九歳）

☆「わざわざＳＣと張り合わなくていいと思う。ＳＣが〝とりあえず空間〟ならば百貨店は〝目的があり空間〟を徹底する。たとえば、セール、限定商品など特有のものをあつかう。その土地の観光業者と連携して観光客を呼び、店内の特有商品を販売する。観光客が欲しいのはＳＣのようにどこにでもあるものではなく、特別だと思う商品。地元の商品が売れれば地域も活性化。」（女子、一九歳）

☆「店内に隠れミッキー的なものをつくる。みつけたらハッピー的な気分に。定時に音楽が流れる時計を各所に設置する。小さい子は喜びそう。」（女子、一九歳）

〈百貨店体験企画〉

☆「手作り企画、お菓子やスイーツ、工作系などの体験教室。」（女子、二〇歳）

☆「各地の名産品をつくる体験。世界の美味しい料理を作る。影絵を作って楽しみ、コミュニ

ケーションが広がっていく。」（女子、二〇歳）
☆「親子モデルで衣服試着、撮影、広告に採用。採用された場合、試着したものをプレゼント。擬似結婚式、カップルが本当の結婚式の参考に。」（女子、一九歳）
☆「サプライズし合う企画。お互いがお互いに百貨店のなかをぐるぐる巡り、お互いのプレゼントを選び合い、プレゼント交換。最終的に記念撮影。恋人も友人どうしも家族も参加できる。」（女子、二〇歳）
☆「オリジナルアクセサリーを作りましょう企画。材料を用意してお客さん自身で作る。」（女子、一九歳）
☆「客は二人以上で参加可能。スタイリストなどを雇って客を変化させ、一人ひとりバラバラになって、それぞれ別の売り場にいくよう指示する。お互い、親・友人・彼氏彼女を見つけられるかという遊び。」（女子、一九歳）
☆「体験教室のブースをつくって、毎月テーマを決めてさまざまなものづくりなどの体験をしてもらう。」（女子、一九歳）
☆「基礎化粧品のみ、高いものを使って、他は安い化粧品で済むような、親子に向けてのメイクレッスンの開催。」（女子、二〇歳）
☆「夕涼み的な空間、納涼になるようなレイアウトにしたコーナー。そこには涼しくなるようなドリンクや軽食を用意する。」（女子、一九歳）
☆「百貨店のなかの本屋さんによる、読み聞かせ、海外の絵本なども用意する。親と子のコミュニケーションも広がる。」（女子、二〇歳）
☆「以前流行った、カリカチュア（似顔絵）やオリジナルストラップ工作コーナーなどをつく

る。」（女子、二〇歳）
☆「親子のお絵かき教室。バレンタインチョコレート教室。」（女子、二〇歳）
☆「百貨店はSCと違って、いろんなジャンルのお店があるので、わざわざそういう空間をつくらなくても、親子であれ、友人どうし、カップルでも一緒に買い物をしていればコミュニケーションはとれると思う。」（女子、一九歳）

〈百貨店ファッション〉

☆「百貨店内ブランドの新作で定期的なファッションショーを開催する。百貨店内のブランドに限らず若者に人気のブランドを期間限定で呼び、即売会的なことをする。最新プリクラ機を使って試着撮影会を同時におこなう。若者ブランドの企画には、ショップ定員を東京から連れてくるとなおよい。百貨店は、目的がなければいかないというのであれば、いつも目的をつくるようする。それがSCとの差別化になると思う。」（女子、一九歳）
☆「SCの大量製造よりも質が高い、セレクトショップのブランドセールを試みる。」（女子、二〇歳）
☆「ファッションをあつかう店舗は年齢層によって区別されている。逆に同じ店舗に複数の年齢層の商品を置くことで複数世代の買い物がしやすくなる。親子・カップル・友人専用のコーナーも設ける。」（女子、一九歳）
☆「化粧品売り場やネイルなど無料で体験できる。メイクしてもらえる。中高生も来る。すでにあるものは高級感があり、若い人は立ち寄れない。若者は、気軽に行けるカジュアルさを求む。最終的に売り上げにつながる。」（女子、二〇歳）

☆「友人どうしなら、若者向けファッションやアクセサリー系のフロアをつくり、ＳＣのような店の並びでも、百貨店なら少しは高めに価格設定しても気に入ったものなら購入するだろう。」（女子、二〇歳）

☆「ファッション的な企画は、ブースによって分けておこなう。親子の場合で子どもが小さいのなら、最近流行りのペアルックなどの商品を展示し、好きなものを共有しあう。子どもが中高生くらいなら、親も子も同じものを着用でき、サイズも近い。カップルの場合は、女性・男性専用のファッションブランドが多く、一緒に服を選ぶことはあまりみられない。お互いがそれぞれの場所（空間）を共有しあえるように工夫する。これはペアルックではない。友人どうしは、お互いに選び合う。」（女子、一九歳）

☆「百貨店の質の高いメイク用品が無料で試供できるのなら、そこでコミュニケーションがとれる。」（女子、一九歳）

☆「洋服や小物の試着シミュレーションコーナーを設ける。電子パネルも流行しているので、鏡のように全身を姿見程度に写すように、電子試着空間を百貨店につくる。そこには、服をとおした会話もはずむし、気に入れば少し高くても買ってみようと思う。売り上げにもつながる。」（女子、一九歳）

☆「定期的にファッションショーを開く。小学生くらいまでなら親と子のコミュニケーションは可能。年齢層に応じて、ブランドによっては、ファッションショーをとおしてコミュニケーションも広がる。」（女子、二〇歳）

☆「自分に合った服をコーディネイトしてアドバイスするという場があって欲しい。そこには友人と一緒に出かけ、会話も楽しみたい。」（女子、一九歳）

☆「洋服のデジタル試着を百貨店でやる。百貨店はSCより歴史がある店舗が多い。それぞれの時代に合わせ、一九五〇年代、一九六〇年代とその時代のトレンドを、ファッションをデジタルに試着できる空間をつくる。」(男子、二〇歳)
☆「日時を決めて、フロアごとに年齢層の違うファッションショーを開く、子供服・婦人服・紳士服のように。」(女子、一九歳)
☆「〝EASTBoyファッションコンテスト〟を催す。」(女子、二〇歳)
☆「プチファッションショー、百貨店内の服を提供、小物や香水も可。子どもバージョンもあり、それぞれのメンバーによるコミュニケーション空間ができる。」(女子、一九歳)

第4節　女子学生の百貨店プロデュース

1　女子学生の百貨店オリジナル企画

♧質的調査サンプル

最後の質的調査は、女子大学の学生三八〇人からの回答である。これまでのサンプルと異なるのは、女子大という特殊性。ファッションやトレンドに敏感な女子学生という特性がカテゴリーにも顕著にあらわれた。百貨店ファッションに関する回答が圧倒的な数字であったこと。百貨店に採り入れてもらいたいイベントも、おしゃれな商品に限定されるものが多かった。カテゴリーにもあるが、〝いろいろイベント〟という企画も女子学生のスタイルが表出していた。〝いろいろ〟という表現は親しみやすかった。

♣調査結果のカテゴリー分類

調査結果のカテゴリー分析は、基本的にA大学とB大学と変わりはしない。ただ、ファッションに関する回答が圧倒的だった。女子大学の女子学生特有のファッションへの関心は、ここでも注目できる。(17)

カテゴリー分類は、以下の八項目である。1「百貨店のシステム」、2「地元大好き」、3「百貨店ファッション」、4「百貨店グルメ」、5「百貨店ご当地物産展」、6「アミューズメント・イベント」、7「東京意識」、8「いろいろイベント」。分類のなかで、百貨店ファッションについで、東京意識への思い入れの深さは回答の記述に反映されている。これも注目したい。

2　女子学生が考える地方百貨店の企画(18)（質的調査Ⅲ）

〈百貨店のシステム〉

☆「地方の若者も雑誌から情報を得ているはず。雑誌に載っているお店にいきたいと思っている。若者が入りたくなるショップを大々的に宣伝して知ってもらう」（女子、二一歳）

☆「百貨店に特設会場をつくり、女の子に人気のブランド三〇店のアクセサリー、ブーツなどを取りそろえる。周辺にスイーツパラダイスなどのお店や最新のプリクラ機を設置し、一日中楽しめるような環境をつくる。」（女子、一九歳）

---

(17) 女子学生の回答は圧倒的にファッション関係。百貨店には参考になった。

(18) 女子大学の女子学生のみ、百貨店全般に関しての質的調査。

☆「周辺商店街の売れないワケあり商品を、百貨店内で格安で販売する。参加する商店街すべてのお店にポスターを貼り、百貨店の宣伝をする。そこで街が一つになる。回を重ねるごとに目玉商品をつくり、目立つことをしていき、他県からも客をよび、地域活性化につなげる。」（女子、一九歳）

☆「地方では見かけることの少ない芸能人（タレント・歌手・モデル・スポーツ選手など）による私物オークションの開催。実際に百貨店に芸能人を呼び（あるいは委託）イベントをする。メディアによる注目度もあり、知名度もあがる。」（女子、一九歳）

☆「人気はあるがその地方にはまだ店舗がないブランドをオープンさせる。開店記念セールやノベルティプレゼント（限定品）をおこなう。」（女子、一九歳）

☆「平日時間限定駐車場無料化。最大四時間程度、通勤の会社員などが駐車場にするおそれがあるので入場時間を定める。ただし、金額の上限はないが、レシート持参。」（女性、一九歳）

☆「定期的に東京からモデルを呼びファッションショーを企画。モデルの関係グッズの販売や交流会も開催。」（女子、一九歳）

☆「各種イベントの告知方法を考える。チラシ広告、ホームページなど。広告費をかけないとお客さんはやってこない。地方は毎日チラシを楽しみにしている新聞購読者も多い。」（女子、一九歳）

☆「地方では大型レジャー施設に人が流れる傾向が強い。SCに若者が集まるのもそれが理由。百貨店の場合、子どもがいるとゆっくり回れない、子どももお店をただ回るだけでは百貨店にいきたいとは思わない。一時託児所の開設は必要。」

「ファッションに興味の出てくる一〇代～二〇代を獲得するために、ブログ購読者のいるモ

デルさんを呼んで。トークショーなどのイベントを開催する。」（女子、一九歳）
☆「ジャンケン大会を毎月開催。店員さんとお客さん。一位は豪華賞品、参加賞あり。商品は地元特産品。ＰＲを兼ねて実施する。」（女子、一九歳）
☆「ネット販売のブランドを一時的に百貨店販売する。例として、Ｒａｄｙのベッドカバー・部屋着・洋服・アクセサリーなど。ネットでしか購入できないブランドを直接見て買ってもらう。ゲストにＲａｄｙのプロデューサーを呼ぶ。」（女子、二二歳）
☆「百貨店側の接客コンクールなるものを開催。来訪のお客様に対し、より素敵な接客を心がける。」（女子、一九歳）

〈地元大好き〉

☆「全国各地の郷土料理をその土地の材料を使用して作り食べる。毎回、それに類似した地元の料理と比較しながら、楽しむイベント。」（女子、一九歳）
☆「地元のよい店を応援する企画。地方の企業と大都市の企業が提携して作った商品を特集する。その商品がヒットすれば、地方イメージがアップする。商品の製作過程で企業どうしが関係を深めれば、地方活性化のきっかけになる。」（女子、一九歳）
☆「産地が地元の食材を使った公開料理教室。料理に自信のある人がエントリーし、料理バトル。審査員は百貨店の従業員、勝者の料理は、レストランなどのメニューとして採用される。」（女子、一九歳）
☆「地元百貨店に入っているブランドのファッションショー、読者モデルや、テレビで有名な人なども幅広く参加。これにより地元を盛り上げることもできるし、その街をＰＲできる

チャンスが広がる。」（女子、一九歳）

☆「ただ百貨店で地方特産品を売るのではなく、その特産品にかかわる地方出身芸能人を登場させたイベントもおもしろい。」（女子、一九歳）

☆「地元に住んでいる人にあらためて地元のよさを知ってもらう機会を、特産品をとおしてＰＲする。地元にもこんなものがあるという意識をめばえさせる。」（女子、一九歳）

☆「地元を知るさまざまな体験。ジャンルは幅広く、地元を知り、地元を離れても外で地元の話ができれば地方活性化につながる。」（女子、一九歳）

☆「幅広い年代をターゲットにするには食材も各年齢層に合うものを集め、料理方法も紹介する。小さな子どもにとってその地域を知るきっかけにもなる。」（女子、一九歳）

☆「地元名工による匠の技・体験教室・お土産コーナー。地元の再発見。何をウリにするかによって、よくありがちな企画でも集客力は変わってくる。」（女子、一九歳）

☆「お取り寄せグルメフェア、インターネットショッピングで、ランキングの高い商品をあつかう。地方百貨店はインターネットの使えないお年寄りも来店するため、普段買うことのできない、美味しいものも購入できる。」（女子、二〇歳）

☆「産地直送販売は地方ではめずらしくはないが、それを地元百貨店でやるのに意味がある。」（女子、一九歳）

〈百貨店ファッション〉

☆「各ブランド服のマネキンにその店のブランド服を着せ、どのショップが一番よいコーディネイトをしているか、客に投票してもらう。」（女子、一九歳）

☆「有名ファッションブランドを期限限定で出店してもらう。」（女子、二〇歳）
☆「人気ファッションブランドを百貨店に集め、販売する。」（女子、二〇歳）
☆「有名ではなくてもモデルさんを呼んでのファッションショー開催。」（女子、一九歳）
☆「女性誌でその月に登場したブランドを集めたファッションショップの企画。定期的にブランドを変えながら地方でも商品の購入を可能にする。」（女子、一九歳）
☆「ファッションブランドのファッションショーと地元市民がモデルになり、撮影会も同時に実施する。」（女子、一九歳）
☆「ファッションモデルによるファッションや美容などのアドバイスを受けたりする企画。アドバイスを受けた女性は、次回のファッションショーに出演する。」（女子、一九歳）
☆「地方だと自分の好きなジャンルのお店を探すのが大変なので、定期的にモデルさんに来店してもらい、ファッションのポイントなどのアドバイスをしてもらう。地方でもトレンドを押さえることができる。」（女子、一九歳）
☆「ファッション・フェスタの開催。新宿ルミネに入っているようなショップを期間限定で出店してもらう。全日は無理なのでそのブランドの特徴的なものを販売する。ブランド品を通販でがまんしている地方の人は喜ぶ。」（女子、二〇歳）
☆「それぞれのファッションブランド店にその日だけそのブランドにゆかりのあるモデルさんに来てもらい、コーディネイトしてもらう。同時に、ブランドのライセンスを持っている会社のデザイナーなどの講習も受けられる。」（女子、一九歳）
☆「規模が小さく身近に感じられる洋服ブランドのファッションショー的イベント。ブランドの数は多くして、情報を増やす。」（女子、一九歳）

☆「〝女性誌ブランド特集〟。雑誌ごとにスペースをつくり、その雑誌に関係するショップをピックアップした商品の販売をする。可能であれば、雑誌モデルを売り場にゲスト配属、情報源は東京におよばないものの、雑誌なら全国をカバーしているため、イベントは読者に喜んでもらえる。」（女子、一九歳）

☆「人気ブランド大集合。中高生に人気のファッションブランドを１０９から、女子大生向けは、プランタン銀座やルミネから出店させてもらう。『ＪＪ』などで取り上げられているおしゃれの人たちや、人気読者モデルのトークイベント・撮影会などのイベントを企画する。」（女子、一九歳）

☆「人気ブランドの洋服セール。地方にあまりないブランド店のセールをする。ショップ袋もつける。」（女子、一九歳）

☆「情報量が都会より少ない地方は、ファッションでも同じ環境にあると思う。自分の好きなブランドがあっても、地元ではあつかっていない。それでも欲しい。交通費をかけてそのブランドをあつかっている場所まで出かける。だからこそ、百貨店で限定的に開催するファッションショーは地方にとってありがたい。」（女子、二〇歳）

☆「ファッション・コーディネイトしてくれるコーナー。気に入った服を試着し、各種のアドバイス（トータルバランス・トレンド・季節感）を指導する。それを購入したお客さんには、期間限定商品またはマニュアルブックをプレゼント。」（女子、二〇歳）

☆「かわいい・かっこいい・カジュアルなどジャンルを明確に分け、幅広く用意。店員以外にモデルも来店し、試着してみせる。試着のお客さんには記念撮影をしてくれる。購入者には、いくら以上で、記念品や、モデルのグッズなどプレゼント。」（女子、一九歳）

☆「ファッションに関係した芸能人に来店してもらう。おすすめのファッションやブランド面でも、その芸能人はあこがれの的で、少しでも近づきたいという思いから、いい企画になるのでは。」（女子、一九歳）

☆「東京ガールズコレクションの縮小版。地元でオーダーできる環境を提供する。化粧品なども入れる。」（女子、一九歳）

☆「モデルによる一日ショップ店長、ファッションアドバイスの実施。」（女子、一九歳）

☆「若者向けファッションショー、使用した服を販売する。」（女子、二〇歳）

☆「地元中高生のファッションショー。」（女子、一九歳）

☆「化粧品イベント。安いものからハイブランドまで幅広く販売。サンプルもたくさんあり、ショップ袋もイベント仕様で限定。海外のレアな商品もあつかい、プロのメイクアーティストも呼ぶ。」（女子、二〇歳）

☆「人気ブランドを手に入れるために通販を利用する人は、地方に多い。ファッションアンケートを実施、ブランドの系統から百貨店に置くブランドを決める。雑誌で目にするブランドをなるべくそろえる。」（女子、一九歳）

☆「東京のトレンドをジャンル別にマネキンに着せて、地元でコーディネイトの投票を実施する。いまの流行がわかると同時に、その地域でそんなファッションが受け入れられるかを知る機会になる。」（女子、二一歳）

☆「メイクアップレッスン。流行りの化粧品を宣伝する企画。プロのメイクさんのデモンストレーション、お客さんもサンプルを使ってメイクをし、プロのメイクさんからメイク方法などを習うことができる体験イベント。」（女子、二〇歳）

☆「都会で流行っているファッションなどの着こなし会を実施し、流行に合わせてセッティングしたイベントをおこなう。雑誌に取り上げられている洋服や雑貨のコーディネイトと同じものを販売する。」（女子、一九歳）

☆「流行りの着こなしができない人のためにマネキンを置く。もしくはモデルが着てファッションショーをする。子ども服、中高生、大人、お年寄り、それぞれの男女の流行りを取り入れたコーディネイトを考えて、マネキンを置く。」（女子、一九歳）

☆「高校生から二〇代前半までの古着系ジャンルの展示会、百貨店に似合わないのであれば、モールなどで店頭販売する。」（女子、一九歳）

☆「地方では普段百貨店にあまり人が集まらないが、トレンドや流行りのものには、若い人は惹かれるだろう。大都市で流行っているファッションや小物は、有名人を使って宣伝するイベント開催は地方ではうってつけ。」（女子、一九歳）

☆「いろんな系統のファッション、あらゆる世代を対象とし、マネキンを使ってコーディネイトしたのをショップごとに二体ずつ用意する。来店者は、その場でネットもしくは紙・チラシでそのマネキンの商品をみることができる。店舗のないブランドの場合は、ネットのオンライン上で買えるようにする。」（女子、一九歳）

☆「地元の女の子をオーディションし、東京ガールズコレクションの小型版のおまつりを開催。カリスマ読者モデルをゲストに呼ぶ。メイクはすべて百貨店で取りあつかっているものを使用する。」（女子、一九歳）

☆「最新のファッションを取りそろえて、来店した人がアドバイスを受け、フルコーディネイトできるコーナーを用意する。」（女子、一九歳）

☆「モデルさんや話題の芸能人を起用し、フロアファッションショーをおこなう。握手会やプチファンイベントなども。〇〇〇円以上買物をした人には、ツーショット撮影やサインがもらえる。」（女子、一九歳）

☆「各洋服売り場に専属モデルを呼んで、プレゼントやファッションショーなどのイベントを催す。」（女子、一九歳）

☆「ファッション雑誌に載っている服を大都市でしか買うことができない現状は地方の人にはかわいそう。そんな不満を解消するために、地方百貨店でファッションショープラス通販企画をする。人気ブランドがその地方百貨店に進出。百貨店側もブランド側もお客さんも得するイベント。ファッションショーのモデルも現地オーディションすれば注目度もUP。女性誌専属モデルも登場すれば、次の発売号にその時の記事が出る。他の百貨店も応募する。」（女子、二〇歳）

☆「地方の人は東京になかなか出にくいので、ガールズコレクションのような企画があったら嬉しい。有名デザイナーによる先取りファッション講座など、情報をカバーしてくれるイベントは百貨店にしかできない。」（女子、一九歳）

☆「渋谷１０９のようなお店。１０９的ショップの出店が不可能なら、１０９ショップを紹介した雑誌をつくり、地方百貨店で配付しながら関係ブランドを紹介したりする。１０９との提携イベントなら可能かも。」（女子、一九歳）

☆「東京ガールズコレクション（ＴＧＣ）のようにたくさんの人気モデルが地方の百貨店に来て、ファッションショーをしてくれる。そこでモデルが着た服を実際にマネキンなどで展示・販売もする。」（女子、二一歳）

☆「渋谷109に乗っ取られる。109に入っているショップをすべて百貨店に置いて、109を体験してもらう。ラフォーレ原宿でも新宿ルミネなどでも可。」（女子、一九歳）
☆「百貨店に普段進出しないようなセレクトショップ。ストリートにある古着・雑貨屋、海外ファストファッションなどを集めた物産展にする。」（女子、一九歳）
☆「百貨店内で女子限定フリーマーケットの開催。若い女性をターゲットにして、いまどきの洋服や小物などを売り買いするコーナー。」（女子、一九歳）
☆「〝東京のカリスマ店員が、一日あなたの街のショップ店員〟。東京で営業成績がよかった、ブログが話題の店員さんたちに、その地方都市の百貨店の一日店員になってもらう。〝7daysコーディネイト〟を展示（このアイテムをおさえれば一週間OK）。もちろん、服のアドバイスや、おススメ商品にも答えてくれる。」（女子、一九歳）
☆「地元限定、その百貨店で購入した商品限定のファッションに関する情報などの展示やアドバイス。」（女子、一九歳）
☆「ファッションの苦手な人にも楽しく知ってもらうファッションショー。」（女子、一九歳）
☆「ファッション専門家によるファッションチェックコーナーの開設。女性誌に掲載されるファッションに関心があっても、実際のコーディネイトに自信がない人には、必要なもの。」（女子、一九歳）
☆「百貨店のお店の商品をコーディネイトしたモデルに着用してもらい、ファッションショーをおこなう。」（女子、一九歳）
☆「百貨店は三〇代以上の人が多いのが一般的、一〇代～二〇代の若者にも百貨店デビューをもっと気軽にしてもらう。敷居の高さを商品価格だけでみるなら、親や大人との会話によっ

てカバーできるようなイベント開催。」（女子、一九歳）
☆「百貨店の小さなホールでミニランウェイをつくり、ミニファッショー。ミニでも関心のあるブランドが登場することで、百貨店に出かけるきっかけに。」（女子、一九歳）

〈百貨店グルメ〉
☆「世界のチョコレートフェア。フランスやベルギーなどの世界のチョコレートを取り寄せる。各国の有名なブランドだけでなく、独特なチョコレートの食べ方、料理の仕方なども紹介する。」（女子、一九歳）
☆「スイーツ取り寄せの会。普段食べることのできない有名店舗のスイーツを一ヶ所に集め、期間限定で売る。試食品もたくさん出して、美味しいと思ったものをリピートしてもらう。」（女子、一九歳）
☆「新作スイーツ大会。各店舗から新作のスイーツを提供してもらい無料で配布する。直接購入してもらった方には、店内の商品を購入できるお買い物券などが当たる抽選会に参加できる。」（女子、一九歳）
☆「デパートスイーツ物産展。地方では入手しにくく、都内にいかないと手に入らない商品の売り出し。デパ地下の人気スイーツは、ネットを使っても購入するのが難しい。期間限定のイベントとしては最適。」（女子、一九歳）
☆「世界スイーツ展。世界中のさまざまな国のスイーツが一度に楽しめるイベント。チョコレートやケーキ、マロンなどがあり、価格は少し高めにする。買ったあとに満足感が生まれるもの。」（女子、二〇歳）

☆「〝S－1グランプリ〟。Sは、SweetのSで、地方のスイーツナンバー1を決めるイベント。」（女子、一九歳）
☆「百貨店ラーメンストリート。ラーメン激戦区のラーメンが集結する。地元のラーメン店のフェアも可能。」（女子、二〇歳）
☆「全国四七都道府県産地食べ物味比べ。各県から一品を提供し、バイキング形式のイベントの企画。日本を知る一つの機会と話題性もある。」（女子、一九歳）
☆「大都市の食をテーマにした試食・実演会。大都市のイメージはファッションのみならず、食についての関心も高い。それをテーマに掲げたイベントにする。」（女子、一九歳）
☆「東京有名店フェア。やはり東京のお店はあらゆるジャンルで話題になり、メディア露出も多い。いま流行りのトレンドのお店を集めた催し物。」（女子、一九歳）
☆「ご当地グルメの販売。お持ち帰りと実演食堂、食べ比べスペースも用意。」（女子、一九歳）
☆「真夏のお鍋まつり展。各エリアの名産が入ったお鍋の試食・販売。寒い時期でもかまわないが、夏だと話題になるので。」（女子、一九歳）
☆「毎月変わる都心で人気のカフェ・フェア。おしゃれなカフェの雰囲気を味わうには、実際、それを体験しなくてはならない。実現困難を特設ブースで提供する。小規模でも都心の人気カフェを味わえる。」（女子、一九歳）
☆「東京限定の激安ランチフェア。食に対して興味のある人は多い。東京で人気のランチメニューを地方でも紹介し、販売する。」（女子、一九歳）
☆「その土地の名産を使った焼そば・お好み焼き屋台。一見どこにでもあるメニューだが、特産品を入れるとことがポイント。東京焼そばとか酒田焼そばのように。」（女子、一九歳）

☆「スイーツデコ講座。各自参加費を払い、自分でマカロンやパフェをつくる。スイーツデコは最近人気が高いので人を集められる。」（女子、二〇歳）

☆「全国ご当地アイス店。めずらしいカップアイスを集めて販売する。アイスは単価も安いため、子どもも学生もいろいろな種類が食べられる。」（女子、二〇歳）

☆「東京の有名パテシエが集まる季節のメニュー祭り。期間限定で百貨店の上階に仮設店舗をつくる。有名パテシエが考案した季節もののメニューの提供。パテシエと店舗数は六つくらい。スタンプラリーになって、東京本店の特別メニュープレゼントなど。有名パテシエを呼ぶのは難しいので夢の企画。」（女子、二〇歳）

☆「スイーツフェスティバル。東京を中心とした全国のスイーツを集めフードコーナーみたいに売り出す。」（女子、二〇歳）

☆「くつろげるスイーツ中心の巨大フードコートの企画。カフェのような空間重視で、ゆっくり落ち着いて楽しめる。」（女子、一九歳）

〈百貨店ご当地物産展〉

☆「日本国内の物産展などはどこでも開催しているが、外国になると難しさもあり、少ないと思う。逆に、その国にちなんだ、国内でも入手できる関連商品を集め、ワールドフェアのスタイルなら可能、意外に掘り出し物に出会えるかも。」（女子、一九歳）

☆「全国都道府県フェア、各県毎回一つの商品を提供してもらう。四七種類を年に何回かくり返す。開催はさほど難しくない。」（女子、一九歳）

☆「物産展は、何度開催しても飽きはこない。東京だろうが地方だろうが楽しいという事実は

否定できない。定期的に開催するという事実こそ重要と考える。」(女子、一九歳)
☆「それぞれの地域でしか採ることができない食材を使っての、都道府県四季オリジナルフェアの開催。料理教室も併設して、子どもから年配の方まで幅広く参加できるのがメリット。地方の食を知り、食への考えも学習できる。」(二〇歳)
☆「首都圏の流行やファッションを紹介する展示会コーナーを開く。」(女子、一九歳)
☆「一県中心ではなく、地方別に北から南まで、いろんな地域を順に紹介した企画展。食品や民芸品のたぐい、あまりスポットのあたらない地域をあつかうことで、そこの地域の方ともつながりができる。」(女子、一九歳)
☆「各地域の企業の自慢の一品を展示する。手頃な商品をあつかう企業が中心で、ジャンルは問わない。企業にとってもPR活動になろう。」(女子、一九歳)
☆「世界の物産展。世界各国の料理を少しずつ低コストで、味見程度、一皿五〇〇円以下、たくさんの味を楽しんでもらう。レトルトや冷凍食品でも可。大規模な世界展は困難なので身近な商品で話題性をつくる。」(女子、二〇歳)
☆「世界一周の旅展。なかなか海外にいく機会が少ない地方の年配の方にも喜んでもらえる。その国に沿った食べ物やお菓子、写真やパネル展示もいい。小中学生には社会科の学習機会にもなるように。」(女子、二〇歳)
☆「世界各国のスイーツ物産展。全国物産展は人気のある企画なので、その海外バージョン。日本のメーカーで出して、スーパーであつかっている商品でも、その国の輸入品であれば、展示可能。あまりお金をかけず地方百貨店で可能なイベント。」(女子、一九歳)
☆「地方のキャラクター展。ご当地のキャラクターに集合してもらい、その地域の紹介ブース

をつくり商品の販売。百貨店と協力し、地方の紹介ができる。」(女子、二〇歳)
☆「若者物産展。若者向け商品のショップ企画。いまトレンドのお菓子や食べ物、いま東京で流行っている服、原宿竹下通りを再現する。」(女子、二〇歳)
☆「美容師さんやメイクアーティストを呼んで講座のようなものを開く。モデル役は地元の人を選ぶ。」(女子、二〇歳)
☆「地方お弁当イベント。駅弁ではなく各地方伝統料理をアレンジしたお弁当を実演販売する。駅弁プラスその地域のデザートも入れる。」(女子、一九歳)
☆「その地方のおすすめ宿と料理紹介コーナー。旅行会社の企画にあるような内容を百貨店で開催する。旅行会社とのコラボもおもしろい。」(女子、一九歳)
☆「四七都道府県美味しいものまつり。他の地方に出かける機会がない人向けの企画ながら、出かけたことのある人にも楽しめる。内容は食品から伝統品まで多彩に。」(女子、一九歳)
☆「各都道府県の有名な食べ物バイキング展。地方特有の味を全国の方々に知ってもらいたい。そんな気持ちで、たくさんの人に食べてもらいたい。」(女子、一九歳)
☆「北海道や沖縄など、一つの県の物産展はよく開催されている。全ての都道府県の名物を数種類ずつ並べ、各地のおみやげを一度に買えるようにする。」(女子、二〇歳)
☆「東京などの有名飲食店の料理やデザートイベント開催。」(女子、一九歳)
☆「その地方の食材を使ったバイキング料理の提供。特設ブースをつくり、その料理を思う存分味わうことができる。」(女子、一九歳)
☆「過疎化の進んでいる地域をピックアップし、応援フェアの開催。過疎化とはいえその地方の伝統的な商品はジャンルを問わず何かあると思う。それを紹介し、地域の特徴なども案内

することで、関心も高まる。」（女子、一九歳）

☆「都道府県名産物ファッションイベント。四七の名産品を集めたブースをつくり、各都道府県で一番流行している服を着て接客する。店員さんの服装をみて各県の流行を知ることもできる。」（女子、一九歳）

〈アミューズメント・イベント〉

☆「テーマごとに店内スタンプラリーの実施。親子・友人・カップルの各バージョンにより参加条件（三〇〇〇円・二〇〇〇円・一〇〇〇円以上の買い物済み）も異なり、景品の種類（購入金額の一・五倍の商品）も異なる。」（女子、一九歳）

☆「お弁当コンテスト。地元の主婦や子どもたち、男性やお年寄りの各部門に分かれ、各自考案したお弁当を販売する。一番人気のお弁当は店内で販売する。」（女子、一九歳）

☆「子どもたちに科学実験教室。たくさんのブースをつくり、自分が好きな場所で、実験ができる。夏休みに開けば自由研究に役立つ。親と一緒に帰省してきた子どもたちも参加できる。」（女子、一九歳）

☆「ありがとうフェア。日頃お世話になっている人へ感謝の気持ちを伝えよう。お世話になっている両親や友人、機会がなければお礼を伝えられない。店内にプレゼントしやすい商品を展示し、贈り物だけでなく、サービスイベントなど（美容室やネイルサロン、母親に招待券を贈るなど）も開催する。」（女子。一九歳）

☆「県出身有名人たちのトークショー。ミニライブやＣＤの直接販売、握手会・サイン会などを開く。」（女子、一九歳）

☆「有名芸能人やモデルが着用している服をマネキンに着せ、コーディネイトしたモデルなどの写真・コメントを飾り、エントランスに並べる。実際に芸能人モデルを呼ぶよりコストがかからず、数も多くできる。お客さまは、普段テレビや雑誌で目にしている人たちのスタイルがわかるだけでなく、その場で購入もでき、身近に流行・ファッションを感じることができる。」（女子、二〇歳）

☆「東京で人気のカリスマブロガーのトークショー。ファッション・メイク、食べ物など実際、東京の情報を知りたい人は多い。」（女子、一九歳）

☆「トレンド!! 女性のためのメイクアップ。女性限定でのメイクアップ講座。ファッションの真似が難しい部分を、メイクならどこでも可能。」（女子、二〇歳）

☆「世界中のバービー展。バービー人形を集めて展示。実際に参加者もバービー人形のようになれる変身コーナーがある。」（女子、一九歳）

☆「アニメ・フェスタのイベント。」（女子、一九歳）

☆「季節ごとのイベント、クリスマスやハロウィン・バレンタインディなどで、家族やカップルが百貨店に出かけ、その日を楽しめる場所にする。地方では、クリスマスなどの特別な日も、東京のような夜景もみることができない。代わりに百貨店内（エントランスなど）でイルミネーションなどの飾り付けをし、東京の再現をする。お客さんはその雰囲気に浸ることができる。」（女子、一九歳）

☆「階段や各階のコーナーを利用した写真展。地元の歴史、商店街の歴史、百貨店の歴史などを展示。写真の提供も受け付けて、懐かしい時間に触れる。」（女子、一九歳）

☆「キャラクターが遊びにくるイベント。地方の人たちは、なかなかUSJやTDRに出かける機会が少ない、人気キャラクターが遊びにくるだけでなく、その地方とコラボレーションしたお菓子を限定販売する。」（女子、一九歳）

☆「イルミネーションを楽しむ企画。ライトを百貨店の外側に飾って、夜を待つ。冬ならではの企画。暗くなりライトアップ、温かい飲み物などの販売。」（二〇歳）

☆「My福袋大作戦。百貨店内にある服を一定のお金を払い、百貨店で指定された袋に入れ放題!!　自分の好みの福袋をつくれるというイベント。」（女子、一九歳）

☆「季節の行事にあわせて盛大に装飾し、変装する。たとえば、ハロウィンのように、店員が全員変装する。お客さんも変装してきたら店内商品何％ＯＦＦ。」（女子、一九歳）

☆「わが家の味自慢大会。各家庭の味を紹介する。その前提は、店内開催の料理教室から発展させる。」（女子、一九歳）

☆「おばさま主催のファッションショー。モデルも全部おばさま。」（女子、一九歳）

☆「おにぎり総選挙。酒田はお米の生産地であり、おにぎり屋さんも多いのでは。おにぎり屋さんに限らず、誰でも応募ＯＫ、みんなで試食。」（女子、一九歳）

☆「関東あれこれベスト3、関西あれこれベスト3のように、それぞれの地域で人気商品のランキング結果を紹介し、都市での流行を知ることができる。食べ物ベスト3からお菓子・ファッション・本や雑誌・おもちゃ・料理・雑貨・飲み物などのベスト3、幅広いジャンルを集める。」（女子、一九歳）

〈東京意識〉

☆「東京有名百貨店とコラボ。地方の百貨店に東京の百貨店にしかないものを集めたイベントを開く。」（女子、一九歳）

☆「東京物産展の開催。地方物産展の逆で、東京でしか買えない、流行しているブランドの数々を販売する。」（女子、一九歳）

☆「東京まるまる出張イベント！　ファッション・グルメ・化粧品・ヘアサロンなど全て東京から出張させる。東京のトップ店を集めた、体験ブースをつくる。」（女子、二〇歳）

☆「地方百貨店と都内百貨店の違いを紹介し、逆の百貨店を再現する。地方であれば都内の百貨店特集をするように。」（女子、一九歳）

☆「地方百貨店で東京の街を擬似体験企画。催事場に東京の街を体験するブースを設置、写真やモニュメント、実際のお店の出張販売をしてもらい雰囲気を出す。」（女子、一九歳）

☆「その年の流行色にあわせて、ピンクだったら〝Ｐｉｎｋ　ｐａｒｔｙ〟という具合に、すべての飾りを流行色にして、商品も流行色にコーディネイトし統一する。イベント好きは、女性の方に高いような気がする。女性にスポットをあてたイベントは重要。」（女子、一九歳）

☆「東京最先端フェア。東京でもっとも流行しているもの、最新作を売る。東京の人の流行スタイルを写真で紹介する。このフェアに参加した人は、東京の流行に染まったような気分にするのを目的。」（女子、一九歳）

☆「東京〝大〟物産展。東京一色、有名な食べ物から、アルバイトも東京から呼ぶ。全部東京の商品を製造販売する。」（女子、二〇歳）

☆「都内物産展。都内の有名な食べ物屋を出店させる。都内に地方のアンテナショップはよく

あるが、その逆、地方に東京のショップはない。」（女子、一九歳）
☆「東京巡り二泊三日ツアー大抽選会。東京の名産店、ファッション店を出店するブースを設けて、買い物レシート三〇〇〇円分でクジを引ける。一等は、東京巡り二泊三日ツアー招待。」（女子、一九歳）
☆「高島屋、マルイなどの巨大デパート東京フェアの開催。地下食品売り場の惣菜中心。地域限定での販売。」（女子、二〇歳）
☆「東京ファッション特集。ジャンルごとのブースをつくり、ギャル系・カワイイ系・お嬢様系など、人気女性誌のモデルを呼んでちょっとしたファッションショーも開催。」（女子、二〇歳）
☆「東京下町グルメ散策。東京の下町でしか味わえない絶品グルメの販売。東京の味、懐かしさを感じられる。当日は、東京の名物商店街の今と昔をスライドショーで上映するコーナーも用意。」（女子、二〇歳）
☆「都会はこうだ〝なう〟。地方にいても都会気分を味わえる。都会で流行りの食べ物、ファッション、化粧品などを展示して体験できる。」（女子、二〇歳）
☆「東京で人気のスイーツ市場。」（女子、二〇歳）
☆「東京で人気のあるスイーツを販売するイベント。」（女子、二〇歳）
☆「渋谷109を完全再現!!　地方に109を開店してもあまり意味がない、渋谷に出かけて本当の価値があるから。しかし、限定で109を再現するなら別。」（女子、一九歳）
☆「東京！ファッション!!　渋谷・原宿などのいま流行りのファッションをスナップ撮影し、集めてマネキンでコーディネイトして、東京のいまの服装を知ってもらう。」（女子、一九歳）

☆「都会物産展開催。店員も都会から派遣し、地方の人が標準語に触れることも楽しい。地方でも中高生たちは標準語を話すようになった、それゆえに新鮮な響き。」（女子、一九歳）

〈いろいろイベント〉

☆「ドレスの展示会。そのスタイルを見るだけでも、パーティに出かけた気分になれる。パーティ会場は、普段なかなか出かけない場所だから。」（女子、二〇歳）
☆「キティちゃんグッズ四七都道府県大集合大会。」（女子、二〇歳）
☆「プチ博物館。昔はデパートでも昆虫展などの催しがあったことを聴いた。」（女子、一九歳）
☆「デパイチケーキ企画。一〇〇〇円以上のレシートでお好きなケーキ一カットプレゼント。」（女子、二〇歳）
☆「東京の予約殺到のスイーツを集める。予約しないと食べることが困難なスイーツをいっきょに食べることができるビュッフェをつくる。」（女子、一九歳）
☆「東京物産展。百貨店は四〇代以上をターゲットにするなら、着物や東京で有名なブティック商品などがいい。同時に東京の名菓も一緒に。」（女子、一九歳）
☆「その地域の名物を決めよう企画。その街にある名物・名産品のなかから地元の人が一番だと思うものを選ぶ。」（女子、一九歳）
☆「ご当地アイドルのイベント企画。日本全国のご当地アイドルを集める。アイドル関連グッズなどの販売はその街の活性化に一役買う。」（女子、一九歳）
☆「昔の百貨店にあるレストラン。お子様ランチに憧れを抱いた世代をターゲットにした懐古レストランの設置は、家族どうしで再び食事をする機会になる。百貨店のレストランは〝特

別な日〟という記憶を大切にする。」(女子、二一歳)

第5節　大学生一〇〇〇人調査の総括

1　高校生調査との比較

二〇〇九年に実施した高校生調査の論点は、「中心市街地でおしゃれとカワイイスポットを探そう」であった。地方都市のおしゃれなものを探すことで、自分の街に誇りをもてるものがみつかるであろうという趣旨があった。さらにカワイイスポットを知ることで、地方の若者は何を望んでいるかを理解することができた。

地方都市で若者離れといわれる中心市街地に高校生たちに応える環境を少しでも提供できる資源を用意するきっかけになるのではないかと考えた。その結果、中心市街地にメディア環境を充足させることが不可欠であることを知った。若者はビジュアル的に情報を察知する。メディアに露出する空間は、出かけてみたい目的の一つになる。

女子高生は、「渋谷109」とか「新宿ルミネ」とかのファッション・スポットを例にあげた。東京で一番行きたい場所の回答は、ダントツで、「渋谷・原宿」で、二八・一%。残りはみな一ケタの数字だった。(19) 約三割近くは、ファッション・スポットを求めていた。

(19) 仲川秀樹(二〇一〇年)、前掲書、六二ページ

2　若者の声と現実

この回答は、あこがれであるとともに、自分の住む街が嫌いというわけではない。酒田の街が好きかという回答に、「好き」は、五七・七%。「嫌い」は、四・二%。あとはどちらともいえないであるから、全体の六割は好きであった。(20) 卒業してからその先の質問に、「酒田に帰ってくる」は、二二・一%。「帰ってきたい」は、一八・四%。全体の四割は気持ちが地元にある。(21) しかし、問題は、いくら街が好きでも、それに応えてくれる環境の有無は、願望とは違い、現実の厳しい状況として、目の前にある。

大学生調査での「東京意識」がそれである。大学生でさえも、東京にあこがれをもち、その空間を充足できるイベントを希望し、企画として百貨店に求めていた。

地方都市の問題は、必ずそこに到達する。「メディア環境の充実」である。少しでも大都市にある空間に近づきたい、そんな環境を求めている姿に、今回の百貨店調査の本質をみているような気がした。

3　百貨店に対する認識を知る

質的調査の分類カテゴリーを追っても、ファッションやトレンドについての企画が多かった。企画の内容は、いま主流の女性誌のファッション傾向や、女性誌モデル、読者モデルの関連したスタイルのイベントに突出している。食やグルメに関しては、スイーツやマスコミで取り上

(20) 同上書、五八–五九ページ。
(21) 同上書、七〇–七一ページ。

げられているお菓子など、ここでもメディア露出の商品が多い。

話題性とはトレンド性でもあり、ある種のブランド意識につながっている。ブランドを身につけることは、アップツーデートな要素を充足することになり、いまを満足している証しでもある。

百貨店は高級で、年齢層も高く、若者には敷居が高いような対象でありながら、百貨店に求める環境もまた具体的であった。非日常であることを強く認識しており、それを充足するにはある一定の条件が必要。その条件こそ、「百貨店のコミュニケーション」をキーとした百貨店側の環境提示であることはいうまでもない。

4 「マリーン5清水屋」百貨店環境

新百貨店として二〇一一年三月、あらたにオープンする「マリーン5清水屋」。ターゲットとする客層は四〇～六〇代である。一九八〇年代後半の景気高揚時代を経験した積極的な消費世代でもある。消費に対してもつ意識が、百貨店における「コミュニケーション」にかかわる行動にでれば、周辺に何をもたらすか、興味はつきない(22)。

四〇代～客層と若者が一緒の消費行動をとることは、親子間コミュニケーション、家族内でのコミュニケーションのゆくえにもかかわってくる。特別な日における、友人間やカップル間のコミュニケーションもまた同じように百貨店機能を必要とする(23)。

大学生調査の回答のどの部分が実現可能なのか、そのゆくえを見守っていきたい。実証研究の結果から社会学という学問の有効性が導かれるという期待もある。

(22) 本書、第2章第4節を参照。
(23) 『宣伝会議No. 819』二〇一一年八月一五日号、宣伝会議。

〈参考文献〈第3章〉〉

・伊奈正人、一九九九年、『サブカルチャーの社会学』世界思想社
・仲川秀樹、二〇〇二年、『サブカルチャー社会学』学陽書房
・仲川秀樹、二〇〇五年、『メディア文化の街とアイドル―酒田中町商店街「グリーン・ハウス」「SHIP」から中心市街地活性化へ―』学陽書房
・仲川秀樹、二〇〇六年、『もう一つの地域社会論―酒田大火三〇年、メディア文化の街ふたたび―』学文社
・仲川秀樹、二〇〇四年、「地方都市活性化の試みと世代間にみる影響の流れ―酒田・中町商店街活性化のプロジェクト意識をめぐって―」『二〇〇三年文理学部研究費研究成果報告書』日本大学文理学部
・『酒田市市制七〇周年記念・写真でみる酒田市史―昭和～平成版―』二〇〇三年、酒田市
・『酒田市大火の記録と復興への道』一九七八年、酒田市

第4章

百貨店の重要性とメディア環境の検証

第1節　二〇一〇年フィールドワーク（予備調査）

1　予備調査の開始

♣終わりのない中心市街地研究

山形県酒田市の中心市街地を対象としたフィールドワークは過去三度を数えた。三度というのはゼミ全体での本調査をいい、ユニットごとの予備調査を含めると、一五回ほどになる。最初の調査に参加した学生はすでに卒業している。あらたにゼミに入室し、また卒業し、そのくり返しが、二〇〇三年度から続いている。

二〇〇三年にはじめて実施した調査は、ストレートに「商店街の活性化」というテーマだった。商店街の衰退が叫ばれ、なす術がない状況のなか、酒田市の中町商店街では、全国初の商店街発アイドルを立ち上げた(1)。地方アイドルブームのなか、商店街のアイドルは全国に例のないものであった。まちおこしにアイドルだった。ゼミフィールドワークのテーマもアイドル「ＳＨＩＰ」をとおしての研究になった。その研究成果は、酒田市をメディア文化の街といわしめた内容のものとなった(2)。

二〇〇九年から、地方アイドルはふたたびブームになった(3)。そのキッカケは、アキバ発「ＡＫＢ48」の存在で、路線の影響は地方アイドルブームを甦らせることになった。

第三次ブームのいまでも、かつての地方アイドルの草分けとして、酒田の「ＳＨＩＰ」は、マスコミでも取り上げられた(4)。

とくに、「ＡＫＢ48」と「ＳＨＩＰ」の共通性を、地域に根ざしたアイドル路線として、地域性とアイドルの関係をクローズアップさせることになった(5)。

つぎに二〇〇五年の調査は、「商店街の進化」を共通テーマにした。一九七六年に中心市街地を襲った酒田大火から三〇年が経過し、かつてのメディア文化の街はどのように変貌を遂げたかを、メディア文化の視点から検証した(6)。

そして二〇〇九年の調査では、時代のトレンドに沿った内容から「おしゃれとカワイイ」を共通テーマにした。市内高校生八〇〇人調査とヒアリング調査をあわせて実施した。中心市街地に若者は集まらないという理由や、どうしたら中高生はそこに集うのかという問題を解明するためのフィールドワークとなった(7)。

全国各地の地方都市には商店街が存在している。どの地域も多くの問題と課題をかかえている。その中身のほとんどは、商店街の活性化や賑わいに関するものである。どうしたら街に人が集まり、賑わいをもたらすのか、さまざまな試みを実行しながら、出口のみつからない、終

(1) 二〇〇三年九月一一日(木)〜一五日(月)の四泊五日で実施。共通テーマは「商店街の活性化」。

(2) 二〇〇五年九月一五日(木)〜一九日(月)の四泊五日で実施。共通テーマは「商店街の進化」、同時に「地方アイドルＳＨＩＰ研究」。

(3) 第三次地方アイドルブーム。仲川秀樹(二〇〇五年)、一四二ページ。

(4) ＮＨＫ四国羅針盤「スターは地方にあり―ご当地アイドルブームの背景―」、二〇一一年二月二五日ＯＡ。

(5) 『サイゾー十一月号』二〇一一年。インフォバーン。

(6) 仲川秀樹、二〇〇五年、『メディア文化の街とアイドル―酒田中町商店街「ＳＨＩＰ」「グリーン・ハウス」から中心市街地活性化へ―』学陽書房。

わりのない課題となっている。「商店街問題」は、全国共通の課題でもある。

♣予備調査のポイント

四度目となる二〇一一年の調査は、「中心市街地のシンボル」を共通テーマとした。過去の中心市街地研究の経緯から、中心市街地のシンボルに位置づけた百貨店の重要性と存在価値は、あらたな地域社会(本書でいうコンパクトシティ)を形成する鍵を握っていることを検証するための条件を示すことを目的としている。その準備は、二〇一〇年の予備調査からはじまっていた。(8)

二〇一〇年の予備調査では、中心市街地のシンボルを探す旅となった。東京のような大都市のファッション・タウンやスポットには必ず人がめざすシンボルがある。東京なら「丸ビル」、新宿なら「ルミネ」「都庁」、池袋なら「PARCO」「西武」「東武」か、渋谷なら「PARCO」と「109」のように。(9) 地方都市にも、こうしたスポットの存在があるだろうし、その存在そのものが中心市街地を左右するシンボルそのものという見方である。

予備調査の目的は、九月に全員で実施する本調査のみに集中するのではなく、事前にユニットを構成し、グループごとにテーマをもち、その結果を本調査であるフィールドワークに生かすためである。

また、中心市街地のシンボル同様、酒田のメディア・スポットの検証も同時に実施する。映画やドラマのロケーションで用いられた場所や、人物にスポットをあてる。メディア文化的側面は、地元の食に関するエリアもまた関係をもつ。メディアで話題のレストランの存在なども予備調査のポイントとした。

---

(7) 仲川秀樹、二〇一〇年、『おしゃれとカワイイの社会学―酒田の街と都市の若者文化―』学文社。

(8) 「中心市街地のシンボルを探る」を共通テーマに、「清水屋」の存在をクローズアップさせた。

(9) 仲川秀樹、二〇〇六年、『もう一つの地域社会論―酒田大火三〇年、メディア文化の街ふたたび―』学文社、一二八ページ。

2 予備調査「ユニット1」

♣中心市街地シンボル探しの旅

毎回、ユニット1は、ゼミ長を中心とする学生たちによって構成されるのだが、今回はゼミ長の都合で順番が逆になった。二〇一〇年六月四日（金）から七日（月）まで三泊四日の日程でユニット1から開始。以下、予備調査の行程をたどってみる。

六月四日、一二時三〇分に日本大学芸術学部を出発。関越道から東京外環道、東北道に入る。途中、上河内SA、福島松川PA、国見SAでそれぞれ休憩する。夕方近くに山形道に入り、一九時すぎに酒田に到着する。ゼミ生常宿の酒田グリーンホテルにチェックイン。一九時三〇分に、予備調査でお世話になる地元キーパーソンの方々に挨拶。市内で食事をして、二一時三〇分にホテルへもどる。

♣地域に根ざす伝統イベントの検証

六月五日（土）、一〇時にホテルの窓からみえる山居倉庫へ。酒田を訪れた観光客は必ず立ち寄るというエリアを歩きながら街を考えた。

一〇時四五分に市役所前の喫茶店「さざんか」にて日程確認と打ち合わせ。マスターの矢野博見ご夫妻に挨拶。ここは若者文化の交（茶）店。

一一時三〇分に、米国アカデミー賞外国語映画賞受賞「おくりびと」のメインロケ地、「旧料亭小幡」へ。(10) つづいて日和山公園で、酒田港イカ釣り船団出航式の様子がみえて、港へ。出

(10) 二〇〇九年米国アカデミー賞外国語映画賞受賞映画「おくりびと」メインロケ地。

航式のセレモニー中で、酒田市商工観光部小野直樹部長に挨拶、さらにS－Produceの関浩一プロデューサーに挨拶。お二人はフィールドワークには欠くことのできないキーパーソンである。

酒田港を出て、一三時三〇分に中町へ。地元の料理を出してくれる「伊豆菊」にて昼食。酒田名物のカツ丼をオーダー。カツの上にグリーンピースがのっているシンプルながら甘さのある酒田の味で地元では有名。

一五時に柳小路「ケルン」(11)。関氏と合流し、市内検証のアドバイスを受けて、学生たちは中心市街地主要スポットをまわる。

一六時に若者にもっとも人気のあるジェラート「モアレ」にて、菅野信一氏に挨拶。その後、ドラマロケ地になった「海向寺」にて、伊藤隆文住職夫人より説明を受ける。

一八時一五分にホテルを出て、酒田市周辺部の松山へ、松山城大手門跡を背景に開催される地元の伝統行事「松山薪能」の観賞(12)。市役所関係者の方々に挨拶、説明を受ける。二〇時一五分に松山を出て酒田市内へ。

二一時に、ロックタウンエリアで遅い夕食をとりホテルへもどる。

♣市内を集中的に回る

六月六日(日)、九時三〇分にホテルを出る。午前中は中町を自由に歩き、ポイントを各自チェック、そのくり返し。

一〇時四五分にマリーン5の菅原種生常務に挨拶し、しばらく意見交換。

一二時、清水屋5F「水車」にて昼食。

---

(11) カクテル「雪国」を開発した幻のバーテンダー井山計一氏のお店。

(12) 松山城大手門を背景に開催。能二番、狂言一番。約三〇〇年の歴史。

一三時にJR酒田駅、酒田北港エリアをまわり、一四時に市役所到着。

一四時三〇分、中町モールで関氏から説明を受ける。

一五時三〇分「ケルン」にて、打合せ休憩。一六時三〇分から自由行動。

一八時、レストラン「欅」の屋上にて夕食をとる。関氏も合流し、酒田の食などの歴史について話す。一九時三〇分にホテルへもどる。

翌、六月七日(月)、三泊四日のユニット1予備調査を終え、一〇時に酒田を発つ。一八時三〇分に、日本大学文理学部着。

♣「ユニット1」のポイント

今回の滞在時に、偶然にも「イカ釣り船団出航式」「松山薪能」という酒田の地域性をみるには十分なイベントに遭遇した。酒田港は日本海の漁港として、とくにイカ釣り船団は有名。その出航式には、船団の家族や関係者、行政機関の責任者などがそろい、出航する一艘ごとにアナウンスで声をかけていた。それに音楽が流れ、周辺にはテントが並び地元の食材による食べ物が販売されていた。地元出身演歌歌手のステージも開催されて、出航式がいかに大きなイベントであるかを認識した。

もう一つの薪能は、子どもも能も盛り込まれ、松山地区が文教の街であることの根拠を示すに十分だった。ここでも地元の食材による大鍋などが振舞われていた。

酒田の街の伝統行事、周辺部から中心部に移り、中心市街地はいかにあるべきかなどの参考としながらの予備調査となった。

3　予備調査「ユニット2」

♣中心市街地の原点を探す

ようやく今回のユニット2でゼミ長が登場し、教員の負担も削減されよう。

六月一一日(金)から一四日(月)までの三泊四日の日程で、学生三人による、ユニット2の予備調査を実施した。

六月一一日(金)、一二時一五分、日本大学芸術学部を発つ。関越道、外環道から東北道に入り、那須高原ＳＡ、福島松川ＰＡ、そして国見ＳＡ(ＬＯＶＥ　ＦＥＮＣＥ記念撮影)で休憩をとる。山形道に入り、蔵王ＰＡで記念撮影。

一六時四〇分に、酒田グリーンホテル到着、チェックイン。すぐに中町「清水屋」へ、一九時閉店間際に、エントランスにて、中山洋店長、太田敬副店長に挨拶、ゼミ生の名刺交換。この時は、「清水屋」百貨店の閉店時間は一九時であった。いまは一八時三〇分となっている。

一九時すぎに中町で食事をして、二二時二〇分にホテルへもどる。

♣中心市街地を多角的にみる

六月一二日(土)は、九時三〇分にホテルを出る。天気がよいうちに山居倉庫をまわる。メディア・スポットの欅並木など、ドラマロケの説明。

一〇時三〇分に「清水屋」へ、1Ｆフロアをまわる。

一一時に「鈴政」へ、酒田を代表する寿司店。食の酒田の和の部分、店主の佐藤英俊氏へ挨拶。ロケーションボックスのスタッフもつとめる、ゼミ生たちもお世話になっている。

一二時に「清水屋」エントランス、山形新聞（滝井充明記者）の取材を受ける。今回のテーマ「中心市街地シンボルを探す」に合わせて清水屋前、中町モールでの取材となった。一二時三〇分、「さざんか」にて打ち合わせ。

一三時からメディア・スポットに入る。米国アカデミー賞外国語映画賞受賞の映画「おくりびと」メインロケ地、日和山「旧料亭小幡」。テレビドラマ「多摩湖畔殺人事件」ロケ地、「海向寺」にて、伊藤住職夫人より、境内を案内していただく。(13) 二〇〇九年のフィールドワークでゼミ生と伺った際、海向寺にかかった虹の写真をお渡しする。

一四時三〇分、酒田北港周辺をまわる。天気がよく、海がものすごく青かった。鳥海山もうっすらとみえた。一六時に中町へもどり、清水屋店内を歩く。

一八時、ホテルを出て、レストラン「ル・ポットフー」へ。(14) 酒田を代表するフレンチのお店。全国的にも有名、酒田を訪れたら必ず立ち寄りたい食のスポット。関氏も合流する。関氏はこのオーナーと旧知の関係であったため、レストランの由来や酒田で果たした役割などをゼミ生に説明していただく。五十嵐亮社長が部屋においでくださり、挨拶。二〇時にお店を出て、ホテルへもどる。

♣ラジオ生出演、「酒田舞娘」、「刈屋ナシ」の本場、洋のレストラン

九時にホテルを出る。九時一五分、ＦＭラジオ局「ハーバーラジオ」スタジオへ。佐藤和香子パーソナリティのサポートで、ゼミ生三人が生出演。予備調査の目的などを話す。九時四五分にスタジオを出て、清水屋「ＰＯＥｍ」にてコーヒーブレイク。

---

(13) 「海向寺」伊藤隆文住職。

(14) 一九七三年九月一日開店、本格的フレンチのお店。

一〇時四〇分、JR酒田駅構内の店舗および酒田駅前にて、ドラマロケ地スポットの考証。ドラマ内で取り上げられた伝統品「御殿毬」を購入する。

一一時三〇分、「相馬樓」へ。一二時より、舞娘御膳の食事、一二時三〇分、「酒田舞娘」の踊りを鑑賞。終了後に、舞娘さんとの記念撮影。前回のフィールドワークにて、酒田の伝統的カワイイと規定した(15)。酒田舞娘さんとの直接的なひと時は、学生たちにとっても貴重な体験のようだった。

一三時一五分、「山王くらぶ」で日本三大飾り雛の一つ、傘福の観賞(16)。雛祭り期間中の展示に比べると数は少ないものの、その美しさは、酒田の伝統的カワイイである。

一三時四〇分、「さざんか」で打合せ休憩。中町モールで、イベント中の関氏に挨拶し、「刈屋ナシ」で有名な酒田刈屋地区へ、刈屋ナシ生産者の三浦雅明氏の作業場を訪ねる。二〇〇九年の研究「おしゃれとカワイイ」で、学生が選択した酒田のおしゃれは、「刈屋ナシ」であった理由などを振り返り、立ち寄った(17)。帰りに刈屋地区のモニュメント前で記念撮影。

一五時三〇分、中町へもどり、「ケルン」で本日のヒアリング整理。それからフリー。

一八時にホテルを出る。レストラン「欅」へ、「ル・ポットフー」と並び、酒田のフレンチの巨匠(18)。両レストランの味を比較する楽しみは、地元では贅沢すぎる。関氏も合流し、欅のシェフの話など、食事の美味しさと合わせ、興味はつきなかった。

八時四五分に欅を出て、ホテルにもどる。

翌、六月一四日(月)、三泊四日の行程を終え、一〇時に酒田を発つ。

最後の学生が自宅に到着したのは、二一時になった。

---

(15) 仲川秀樹(二〇〇六年)、前掲書、二〇五ページ。
(16) 同上書、二〇八ページ。
(17) 仲川秀樹(二〇一〇年)、前掲書、一一四ページ。
(18) 一九六七年一二月一日開店。本格的フランス料理のお店。

♣「ユニット2」のポイント

酒田市の地域性を理解するために、滞在中、主要スポットを駆け足ながら回ることができた。とくに、前回のフィールドワークで検証した「おしゃれとカワイイ」スポットである、酒田舞娘と傘福、そして刈屋ナシの生産地をみることができた。先輩たちの軌跡を受け継ぎ、酒田の特性理解に少しでも近づけたかと思う。少し贅沢ではあったが、「ル・ポットフー」「欅」で食事することで、地元の食材や、著名なゲストが出入りする味というもの理解してもらえたかと。何より、キーパーソンが集まるお店の、シェフや店主から別の酒田の特質を伺うこともできた。

中心市街地中町商店街を空き時間すべてに費やすことで、「清水屋」の存在もクローズアップされたと思う。百貨店・レストラン・商店主たちからの直接的な聴き取りによって、地方と都市のファッションや食文化の違いなどが浮き彫りになった。中心市街地シンボルを探す旅は、残りのユニットと連携し、秋のフィールドワークとシンポジウムに結びつけられよう。

第2節　二〇一一年フィールドワーク（予備調査）

1　予備調査「ユニット3」

♣「清水屋」問題浮上し論点鮮明に

年度を越えてユニット3としての予備調査が開始された。二〇一一年年明けに、「中合清水屋店」撤退のニュースが流れた[19]。昨年から継続しているフィールドワーク共通テーマ「中心市街地シンボル探し」を、「中心市街地シンボルのゆくえ」に変更し、「百貨店の重要性と存在価値」をサブテーマに掲げた。

予備調査は、メンバー三人で、五月二八日（金）から三〇日（月）の三泊四日の日程でおこなわれた。調査行程をめぐりながら、以下、酒田の街を探っていく。

五月二七日（金）に日本大学芸術学部を出発。関越道、外環、東北道を走り、上河内ＳＡ、福島松川ＰＡ、国見ＳＡ（ＬＯＶＥ　ＦＥＮＣＥ記念撮影）、山形道に入り、蔵王ＰＡでそれぞれ休憩、一九時に、酒田に到着し、酒田グリーンホテルにチェックイン。

一九時三五分に、地元の料理を出してくれる「伊豆菊」にて食事。伊豆菊膳は、酒田の名物がカバーされているセット。むきそばには驚いていた。二一時一〇分に出る。

二一時三〇分、ホテルにもどる。

♣中心市街地スポットを詰め込みながら

五月二八日（土）、九時五〇分にホテルを出る。一〇時の開店にあわせ「清水屋」百貨店。中山洋店長、佐々木健次長に挨拶、学生名刺交換。予備調査再開などの説明。そのまま清水屋店内をまわる。一〇時二〇分、マリーン5菅原種生常務に予備調査の挨拶と学生への説明。

一〇時四〇分、日和山へ、ロケーションボックススタッフの案内で映画「おくりびと」のメインロケ地「旧料亭小幡」。一一時、「鈴政」。佐藤英俊氏とカウンターで向き合い、酒田のメディア環境について話を伺いながら食事。海の幸に学生たちは驚く。

一一時四〇分、酒田の伝統的カワイイと規定した「酒田舞娘」のいる「相馬楼」で酒田舞娘

(19) 本書、第2章第3節を参照。

の踊りの鑑賞と記念撮影。

一三時一〇分、近隣するメディア・スポット「港座」へ、関浩一氏の案内で港座の歴史の説明を受ける。一三時三〇分、「光丘文庫」[20]。旧酒田市立図書館、後藤吉史文庫長の説明。

一四時、清水屋「ＰＯＥｍ」にて、荘内日報（堀裕記者）の取材を受ける。コミュニケーション空間としての「デパートのあり方などを探っている」検証過程を説明する。

一四時四五分、中町「七桜」、北村芳也社長より、商店街の現状を聴き取り。

一五時一〇分、「ケルン」、一六時、「さざんか」にて、調査レポートの確認など。

一七時、夕方の「清水屋」店内を回り、ホテルへ。

一八時、ホテルを出て、一八時一〇分、「ル・ポットフー」へ。「欅」と並び、酒田のフレンチをリードしてきた「ル・ポットフー」にて、レストランゆかりのオーナー伝説などを伺う。

二〇時、ホテルへもどる。

♣中心商店街と郊外ＳＣ

五月二九日（日）、一〇時にホテルを出る。天気が回復したので、ようやく山居倉庫のメディア・スポットを回り、記念撮影など。

一一時に、「清水屋」に入る。ＦＭハーバーラジオの番組出演が決まり、学生三人は、エントランスのサテライトスタジオ内へ、一一時三〇分ＯＡ。中町の印象や、清水屋の調査などについて話す。

一一時五〇分、「ＰＯＥｍ」にてランチ。清水屋店内で平日休日を問わず、もっとも女性客が集まるお店。店内に置いてある女性誌もコンサバ系が多い。

(20) 日和山に隣接し、二〇〇五年調査でヒストリックルートとして検証した。

一三時、清水屋店内のファッション関係のお店を回る。一四時、「さざんか」でまとめ。

一四時五〇分、バイパス沿いにある「イオン酒田南店」。駐車場も混雑、店内にたくさんのお客さん。「サーティワン」には二重の行列だった。さすがに大規模郊外店舗。

港を回り、一六時に中町へ。「ＰＯＥｍ」で休憩し、本日の主要スポットのまとめ。一七時三〇分、ホテル。

一八時、ホテルを出て、一八時一〇分、「清水屋」へ。中山店長、太田敬副店長、辻繁記部長、佐々木次長に挨拶、今回の予備調査の報告など。閉店間際に、マリーン5菅原常務と話し、閉店に立ち会う。

一八時五〇分、「欅」へ。関氏同席。酒田の主要レストラン二店舗をめぐる。贅沢ながら、それでも味の比較や、酒田をメディア文化の街と位置づけた背景の一つにここがある。可能な限り学生には経験してもらった。関氏の説明は、両レストランを完全に網羅しているために、学生のみならず参考になる。

二〇時五〇分、「欅」を出て、二一時、ホテルにもどる。

翌、五月三〇日(月)、一〇時に酒田を後にする。一七時に、新宿に到着。

♣「ユニット3」のポイント

一年越しの予備調査となったが、この間、中心市街地のシンボルに位置づけられた、「中合清水屋」撤退が本社より表明され、調査の視点もそれに合わせて、中心市街地のシンボルの重要性に変えた。共通テーマもそれにシフトされた。ユニット3では、清水屋を対象とする調査時間も多くなった。

調査そのものは、予定されていたとおり、中心市街地環境を追い、メディア・スポットと食の側面はカバーすることができた。ユニット3のメンバー三人は、秋に予定されている、シンポジウムの報告者になったため、百貨店の存在価値、百貨店のコミュニケーション空間、ファッション・カテゴリー、エンタテインメントと対象を絞りながらサポートをくり返していた。

2　予備調査「ユニット4」

♣ファッション関係中心

予備調査もカウントダウンに入るユニット4は、ファッション関係を集中的に検証した。六月一〇日(金)から一二日(日)まで、二泊三日と短い日程で進められた。学生二人の構成となった。

六月一〇日(金)、一二時三〇分、日本大学芸術学部を出発する。関越道、外環、東北道というものコース。途中、上河内SA、国見SA、山形道に入り、蔵王PAで休憩をとり、一九時に酒田へ到着。酒田グリーンホテルチェックイン。

一九時四五分に、前回と同じく、地元の料理を出してくれる「伊豆菊」へ、伊豆菊御膳を注文。地元キーパーソンの関浩一氏同席。これまでの経緯などを、食事をしながら確認。

二一時に「伊豆菊」を出て、ホテルにもどる。

♣一日で可能な限り酒田のスポットを歩く

九時四五分、ホテルを出る。一〇時の開店時間に合わせて、「清水屋」へ。中山洋店長に挨拶。ゼミ生名刺交換など。

一〇時二〇分、「中村イトヤ」(21)の中村吾朗社長に挨拶。その後、酒田の歴史に関する資料の提供を受ける。

一〇時三〇分、「マリーン5」菅原種生常務に挨拶。予備調査の調査協力の依頼。ファッション専門店の資料などの提供。

一一時二〇分、「POEm」にて、山形新聞(佐藤正則編集部長)のインタビュー取材。予備調査の目的と、九月のシンポジウムについて、説明する。

一二時、「相馬楼」にて、舞娘膳の食事、「酒田舞娘」の舞などを鑑賞。記念撮影など。

一三時二〇分、山形新聞(佐藤編集部長)の清水屋同行取材。ファッション関係のフロアを回り、各店舗特徴などに学生が答える。一四時、「さざんか」にてレポート整理。

一五時、ジェラート「モアレ」菅野信一氏。地元の若者などについての聴き取り調査。酒田で一番若者が集まる店舗。ヒアリング中も、客の出入りはひっきりなしだった。

一五時四〇分、「イオン酒田南店」にて店内を回り、レポート。一六時三〇分に出る。

一七時、「清水屋」最終確認。一七時四五分、ホテルへ。一八時一五分、ホテルを出る。

一八時三〇分、「欅」へ。途中から関氏同席。

二〇時一五分、「欅」を出て、二〇時三〇分、ホテルへもどる。

翌、六月一二日(日)、一〇時に酒田を発つ。一七時に、日本大学文理学部到着。

---

(21) 市内老舗の手芸店。酒田のシンボル「獅子頭」制作にも携わる。

♣「ユニット4」のポイント

日程が一日短いために、補足的な部分に注意しながらも、郊外SCのチェックは重要だった。とくにファッションチェックは意外な問題をレポートした。中心市街地との比較は重要。どの地方も同じ問題をかかえながら、立地条件は、そこに居住する人びとの属性により、とらえ方にも違いのあることを知った。

シンポジウムでの討論者であることから、ファッションの側面で、SCの特質を探ったことは大きな収穫となった。SCの「サーティワン」と、中心市街地の「ジェラート」の人気度を比較する試みが今後あったら、話題になるであろう。

3　予備調査「ユニット5」

♣予備調査の最終ユニット

二〇一〇年から続いた「中心市街地シンボル」にかかわる予備調査も最後のユニット。七月二九日（金）から三一日（日）までの二泊三日の短い日程でおこなった。ユニット5は、ゼミ生三人、九月に実施する本調査とシンポジウムの準備を兼ねた内容となった。

七月二九日（金）、九時四〇分、日本大学文理学部を出発する。首都高から東北道に入る。都賀西方PA、那須高原SA、国見SA、山形道に入り、蔵王PA、そして寒河江SAにて休憩。一七時一五分、酒田到着、酒田グリーンホテルチェックイン。

一八時三〇分、「清水屋」佐々木健次長に挨拶。一八時四〇分、前回と同じく、「伊豆菊」にて食事。一九時五〇分、「伊豆菊」を出る。

二〇時一〇分、産業会館で、会合中の平野新聞舗平野宣社長に挨拶。平野社長は、日本大学酒田桜門会前会長。毎回、新聞資料などの提供をしてくださる。

二〇時四五分、ホテルへもどる。

♣本調査へ向けての準備

七月三〇日（土）、九時二〇分、ホテルを出る。山居倉庫のメディア・スポットを回る。

一〇時に、「清水屋」中山洋店長に挨拶。予備調査最終ユニット行程予定などの説明。

一〇時一五分、「マリーン5」菅原種生常務へ挨拶。

一〇時四五分、日和山公園にある「旧料亭小幡」へ。映画「おくりびと」ロケ地。

一一時、「鈴政」、佐藤英俊氏に挨拶と食事。

一一時四五分、酒田舞娘の「相馬楼」にて、舞娘さんの踊りを鑑賞。ＪＲ東日本ＣＭ撮影の説明に合わせ記念撮影。

一三時四〇分、関氏の案内で港座へ。

一四時、「ＰＯＥｍ」にて、コマツコーポレーションの柿島正氏と、シンポジウムのポスターとチラシのデザインの相談[22]。

一四時三〇分、学生による「清水屋」店舗のデザイン空間調査。

一六時、「モアレ」で菅野信一氏へ聴き取り調査。中町のあり方などについて意見を伺う。

一七時四五分、ホテルにもどる。

一八時一五分、ホテルを出る。

一八時三〇分、閉店直前の「清水屋」へ、中山店長とユニット調査終了の連絡。太田敬副店

(22) 著者のゼミのデザイナー。シンポジウムのポスターとチラシなどデザイン担当。

長、辻繁記部長と挨拶、名刺交換。九月の本調査への協力の依頼。一八時四〇分、「欅」にて食事。二〇時に出て、ホテルへもどる。

翌、七月三一日、三泊四日の調査を終え、一〇時に酒田を発つ。一七時三〇分、日本大学文理学部到着。

♣「ユニット5」のポイント

二〇〇九年から二〇一〇年にかけて、ユニット別に実施した、予備調査も最後になった。九月の本調査に向けて、確認内容の多い三日間だった。「清水屋」状況も刻々変化していくなか、アカデミズムに徹しての予備調査を心がけた。関係者への打合せや、依頼など、行程どおり。それでも各ユニット学生は、はじめて酒田を訪れるメンバーであるから、主要スポットや食事などは、ほぼ全員の学生が味わえるように配慮した。地元の方にいわせるとかなり贅沢なお店ばかりであるが、それはまた、学生が酒田を知り、何かの機会にPRしてもらえるとの期待を込めての提供だった。

第3節　二〇一一年フィールドワーク（本調査）

1　酒田フィールドワークも4度目へ

♣ふたたびゼミ生たちと酒田へ

「中心市街地シンボルを探す」から「中心市街地シンボルのゆくえ」に共通テーマを変更した。五度にわたったユニット別予備調査を、この七月に終え、今度はゼミ生全員でふたたび酒田の街を訪れる。

二〇一一年フィールドワーク本調査の開始。九月一五日（木）から一九日（月）まで、四泊五日の日程である。今回の参加ゼミ生は、予備調査を経験した一六人である。

九月一五日（木）、九時、日本大学文理学部を出発、首都高から東北道に入る。羽生ＰＡ、那須高原、国見の各ＳＡで休憩、一七時、酒田到着。宿泊先の酒田グリーンホテルチェックイン。

一八時にホテルを出て、一八時三〇分、閉店間際の「マリーン5清水屋」へ。エントランスにて、中山洋店長、菅原種生常務にゼミ生全員で挨拶。ゼミ長から本調査開始とシンポジウム開催場所提供などのお礼を述べる。中山店長、菅原常務を囲んで記念撮影。

一八時四〇分、「欅」にて、ミーティングを兼ねた食事。学生のために特別のパーティ料理を用意していただく。通常のフレンチとまた一味違い、全員で楽しむことができた。この時間が、ゼミ生全員がそろう唯一の食事会。

二〇時三〇分、ホテルへ戻る。

♣酒田市長訪問、清水屋全体調査開始

九月一六日（金）、九時、ホテルを出る。

九時一五分、酒田市役所正面「獅子頭」前で記念撮影。

九時三〇分、市長室にて、阿部寿一酒田市長へ表敬訪問。ゼミ長が代表して名刺交換と挨拶。阿部市長より、中心市街地の現状、郊外SCの影響と中心市街地の重要性など説明（講義）を受ける。市議会開催中で、開始時間ぎりぎりまで、本調査に対するアドバイスなどいただく。阿部市長を囲んで記念撮影。一〇時に、市役所を出る。

一〇時、正式に「清水屋」入店。太田敬副店長へ、本調査の挨拶。

一〇時一五分、6Fイベントホールへ。「サブゼミI」の開始。シンポジウムまでのタイムテーブル確認、中心市街地事前調査、清水屋店内事前調査などの打合せ。佐々木健次長、サブゼミに参加。店内施設の説明と補足など。

一二時、自由行動（食事）。関浩一氏合流。「POEm」で打合せランチ。

一四時、シンポジウム会場設営。引き続きシンポに関する「サブゼミII」。一八時終了。

一八時、解散・自由行動。一八時三〇分、「中島食堂」。

二〇時三〇分、ホテルへもどる。

♣シンポジウムリハーサル

九月一七日(土)、九時三〇分、ホテルを出る。

九時四五分、「マリーン5清水屋」入店。6Fイベントホール。

一〇時、「サブゼミⅢ」開始。シンポジウム基本スタイルなどの確認。報告者の論点などチェック。

一一時、関氏来店、音響関係準備。司会・報告者・討論者、音響チェック。

一二時、休憩・自由行動(食事)。関氏と打合せランチ、「POEm」。

一三時三〇分、「サブゼミⅣ」、シンポジウムリハーサル。「清水屋」佐々木次長参加して学生サポート。リハーサル、直し・修正・くり返し。「マリーン5」菅原常務会場サポート。

一五時、「清水屋」2Fヤングカジュアル・ブランド店舗回り。ファッションチェック。

一六時、「POEm」スタッフ、シンポジウムコーヒーブレイク準備。

一八時、リハーサル終了。解散・自由行動。一八時三〇分、「中島食堂」。

二〇時、ホテルへもどる。

2 シンポジウム

♣「第3回中町シンポジウム」開催

九月一八日(日)、九時、ホテルを出る。

九時一五分、「マリーン5清水屋」入店。6Fイベントホールにてシンポジウム準備。

一二時三〇分、「第3回中町シンポジウム」開始。一三時四五分、報告と討論終了。

一三時四五分、フロア一般参加者コメント。一四時、フロア終了。

一四時休憩。山形新聞社（佐藤正則編集部長）、荘内日報（堀裕記者）の取材。

一四時一五分、シンポジウム再開。リプライ・フロア、一四時三〇分終了。

一四時三〇分、大学生調査報告開始、一五時一五分、調査報告終了。

一五時一五分、シンポジウム総括。

一五時三〇分、シンポジウム終了。シンポジウム参加者への挨拶。清水屋スタッフによる会場撤去作業。一五時四〇分、学生たち会場を出る。

一五時四五分、「マリーン5清水屋」を出て、シンポジウム資料・荷物をホテルへ。

一六時、自由行動。

一七時一五分、「ＰＯＥｍ」にて、関氏と総括。

♣「マリーン5清水屋」スタッフとゼミ生との意見交換会

一八時三〇分、「マリーン5清水屋」エントランス。中山店長以下、スタッフ関係者。

一八時四五分、６Ｆイベントホール。

「マリーン5清水屋」スタッフとの意見交換懇親会。成澤五一社長、菅原常務、中山店長、太田副店長、辻部長、佐々木次長、以下、マリーン5清水屋関係スタッフ参加。

意見交換会・懇親会は、佐々木次長の司会により、代表で成澤社長より、「学生たちの研究報告を大いに参考にして、あらたな百貨店つくりに向かっていきたい」と、今後の方針を語られる。懇親会に入り、関係者と学生のあいだで、酒田の街や中心市街地のことなど、リラックスしながらの時間となった。

二〇時三〇分、ゼミ長の酒井菜摘さんより、シンポジウムおよびフィールドワーク調査研究のサポートに対し、成澤社長、中山店長関係スタッフの皆さんに、お礼のメッセージをお渡しする。参加者全員で記念撮影。

二〇時四五分、懇親会終了。「清水屋」を出て、夜の中町を歩き、市役所の「獅子頭」前で記念撮影。酒田滞在最後の夜となった。

二一時一〇分、ホテルへもどる。

♣二〇一一年フィールドワーク終了

九月一九日（月）、本調査すべての行事終了。九時、酒田グリーンホテルチェックアウト。

九時一五分、山居倉庫、欅並木のメディア・スポットにて記念撮影。ゼミ生買物など。

一〇時、酒田を発つ。山形道に入り、寒河江ＳＡにて休憩、東北道に乗り、国見ＳＡ、上河内ＳＡ、首都高ＳＡにて休憩。

一八時一五分、日本大学文理学部到着。二〇一一年フィールドワーク全行程終了する。

第4節　メディアとフィールドワーク二〇一〇〜二〇一一

1　予備調査の報道

♣『山形新聞』（二〇一〇年六月一八日付朝刊）(23)
「酒田中心街のシンボル探し」

日本大学社会学ゼミの学生が酒田市内で昨年に続いてフィールドワークを行なっている。今回は「中心市街地のシンボル」がテーマ。七月まで中町商店街や観光スポットなどの検索や調査を続け、若い世代から見た中心市街地の活性化策や企画を提案する。酒田のことをあまり知らない都会の学生が、客観的に、どのように現状を分析するのか興味深い。

担当教授のゼミは若者の流行や生活スタイル、マスメディアの社会的影響などを研究している。洋画の封切り時期が東京と同じ映画館が一九七〇年代まで酒田にあったことや、中町商店街が企画したアイドルグループが活躍したことなどから酒田を「メディア文化の街」と定義。学生とともにフィールドワークを行っている。四度目（四年目）の調査となる今回は三年生の一一人が四回に分けて七月まで調査を行う。

昨年は「〝おしゃれ〟と〝カワイイ〟スポットを探そう」をテーマに調査を実施。高校生アンケートなどを踏まえ、酒田の新たな魅力や商店街振興策などについて意見をまとめた。この中で「酒田は外部から流入した文化を取り入れ、オリジナル文化として定着させている」と評

(23) 本文記事の抜粋。滝井充明記者担当。

価。「酒田舞娘は伝統的にかわいい代表」「獅子頭のキャラクター化、刈屋ナシのブランド化を進めて欲しい」などと提言した。詳しい結果は本にまとめられ、五月に「酒田の都市と若者文化」と題して刊行された。

今回は昨年の調査から分かった課題や問題点を解決する方策を具体的に考えるとともに、新たに酒田のシンボルを見つけ、その有効活用法を探るために継続して調査を進めることにしたい。ゼミ担当教員は「都会にはないおしゃれでかわいいスポットが酒田には数多くあることに気づいた。その一方で、中心市街地には高校生がコミュニケーションを気軽にできる場所や、若者がショッピングを楽しめる店が少ない。今回はシンボルという視点から研究したい」と話す。

一二、一三の両日は、三年生の三人が酒田を訪問。デパート、レストラン、商店街を視察しながら店主らから話を聞き、地方と都市部におけるファッションや食文化の違い、商店街の取り組みなどを調査した。ゼミの一人は、酒田は自然が豊かで、人情味があり親切な人が多い町だ。食文化も洗練されている。新たな魅力を発展したい」と述べた。今後、買い物客を対象にアンケート調査を実施し、秋にシンポジウムを開催する予定だ。

酒田のシンボルと言えば……。すぐにいくつかが頭に浮かぶ。若いゼミ生は酒田を見つめ、どのような答えを出すのか。市民もあらためて酒田のよさを再発見するような斬新なアイデアを期待したい。これを機会にゼミ生と市民が交流を深め、積極的に意見を交わしてほしい。

♣『荘内日報』(二〇一一年六月一〇日付朝刊)(24)

シンボルの「デパート」学生の視点から—重要性や存在価値、あり方検証し発表へ—

担当教授のゼミを履修する三、四年生が、「中心市街地のシンボルとしてのデパートの存在

(24) 本文記事の抜粋。堀裕記者担当。

価値」を研究テーマに酒田市内でフィールドワークを繰り広げている。七月下旬まで学生一八人が四つのグループに分かれ、それぞれ同市を訪問する。

担当教員は、地方都市の中心市街地活性化に向けた講演・評論活動も繰り広げている。二〇〇三年に「中心市街地の活性化」、二〇〇五年に「中心市街地の進化」をテーマに同市内でフィールドワークを行い、「世界一の映画館」と称されたグリーン・ハウス、全国に先駆けて誕生した商店街アイドル「ＳＨＩＰ」、酒田舞娘の存在などから、酒田を「メディア文化の街」と位置付けた。

それを受け、二〇〇九年には「メディア文化の街のオリジナル性」をテーマに、ゼミ生自らの主観で「おしゃれ」と思えるスポットを中心市街地一帯で探したほか、地元の高校生を対象にアンケート調査を行った。

今回のテーマは、中心市街地のシンボルとして建つデパートの重要性と存在価値、コミュニケーション空間としてのデパートのあり方を探ろうというもの。「厳しい現状が叫ばれながらも、市民がデパートを求める価値をあらためて考察したい。市街地に不可欠なシンボルとしてのデパートに求めるものを学生の視点から検証できれば」(担当教員)

第一グループの女子学生三人が五月二七日から三泊四日、第二グループが今月三日から二泊三日の日程でそれぞれ酒田を訪問。来年二月に撤退が決まっている老舗デパート中合清水屋店を中心に商店街関係者、市民らから声を拾い集めている。同店で調査を行った四年女子学生は「デパートとしての高級感がある。店員と来店客の距離が近いと思った。身近な存在というイメージ」と第一印象。同じく四年女子学生二人は「どうしても東京と比べてしまうが……」と前置きした上で、「来店客が少なく、高齢者が多いのが気になった」「何となく物足りなさを感じてしまう」と話していた。

担当教員は「今回の研究のキーワードはコミュニケーション。親子や家族、友人どうしで中心市街地のシンボルであるデパートに出かけ、時間を費やす意味を掘り下げていきたい」と話す。フィールドワークは、今月中旬と七月下旬にも行われる。今年九月にはシンポジウムを開催し、学生たちが研究成果を披露する予定。

♣『山形新聞』(二〇一一年七月五日付朝刊)(25)

百貨店の価値を探る—酒田の中心市街地、学生が調査、今秋、市民交えシンポジウム—

酒田市の中心市街地で、学生たちが「百貨店の重要性と存在価値」をテーマに、フィールドワーク調査を続けている。担当教員のゼミのメンバーが班を編成し、今月末まで、市内の百貨店「中合清水屋店」の現状や同店を取り巻く地元商店街への影響などについて調査。秋にはその集大成として市民を交えたシンポジウムを計画している。

担当教員のゼミは二〇〇三年、地域発アイドルプロジェクトとして酒田でデビューした「SHIP」が地域づくりに果たした役割などを検証する調査研究を実施。その後も「酒田大火三〇年」に関する調査研究や、市内の高校生意識調査などを展開してきた。担当教員によると、今回の研究活動は二〇〇九年に行った高校生意識調査の結果を踏まえ、中心市街地での百貨店の存在価値を探り、百貨店が「親と子」「家族間」「友人どうし」のコミュニケーション空間であることを検証するのが目的。学生の視点から「市民が百貨店に求めるもの」を浮き彫りにする狙いもある。

担当教員のゼミに所属する三、四年生が二、三人ずつ交代で五月下旬から週末を中心に酒田

(25) 本文記事の抜粋。佐藤正則記者担当。

に入り、中合清水屋店のテナント関係者や、中町商店街の各店舗などから聞き取りを実施。品ぞろえや商品レイアウトなどについて、若い消費者の視点で分析もしている。

初めて酒田を訪れた三年の女子学生は「ブランド品がごちゃごちゃ陳列され、若い女性が着やすいものがどこにあるかが分かりにくい」。同じく三年の女子学生は「若い子は店舗の内装も含めたブランドイメージに魅力を感じる。都内の百貨店と比べ工夫が必要なところもある」と指摘していた。

今秋のシンポジウムでは調査報告のほか、学生たちがパネリストを務め市民参加型のパネル討論も予定している。担当教員は「中心市街地のシンボルとしての百貨店の価値など、シンポジウムを通して検証していきたい」と話す。

2　フィールドワークの報道

♣『山形新聞』(二〇一一年九月一九日付朝刊)(26)

「百貨店と地域考える―大学生、研究成果を披露―」

「中心市街地シンボルのゆくえ―百貨店の重要性と存在価値―」をテーマにしたシンポジウムが一八日、酒田市の中合清水屋店で開かれた。市中心商店街で今年五月からフィールドワーク調査を行ってきた大学生たちが研究成果を報告し、百貨店の魅力アップや地元商店街との連携などについて提言した。

担当教員のゼミナールの学生たちが、調査をもとに百貨店のコミュニケーション空間としての役割や中心市街地におけるシンボリック性、郊外型ショッピングセンターとの関係などにつ

(26) 本文記事の抜粋。佐藤正則記者担当。

いて報告。地方都市の百貨店の機能では、地域の交流の場となり、コミュニティ形成をサポートしている」と分析し「老舗店の機能とファッション・トレンド的空間のバランスが求められる」と指摘した。

また、振興に向けたアイデアとして、「中町モールと連携して毎週末、移動販売車を呼んだイベントを開催する」「原宿デーや浅草デーといった具合に、さまざまな年代に応じた物産展を開く」などを提案した。

シンポジウムにはゼミ生や地元商店街、行政関係者など約三〇人が参加し、調査報告をもとに意見交換。都内の大学生六〇〇人を対象に行った百貨店に関する意識調査の結果も発表した。

〈参考文献〉

・伊奈正人、一九九五年、『若者文化のフィールドワーク―もう一つの地域文化を求めて―』勁草書房

・仲川秀樹、二〇一〇年、『おしゃれとカワイイの社会学―酒田の街と都市の若者文化―』学文社

・仲川秀樹、二〇〇六年、『もう一つの地域社会論―酒田大火30年、メディア文化の街ふたたび―』学文社

・仲川秀樹、二〇〇五年、『メディア文化の街とアイドル―酒田中町商店街「グリーン・ハウス」「SHIP」から中心市街地活性化へ―』学陽書房

・仲川秀樹、二〇〇四年、「地方都市活性化の試みと世代間にみる影響の流れ―酒田・中町商店街活性化のプロジェクト意識をめぐって―」『二〇〇三文理学部研究費研究成果報告書』日本大学文理学部

第5章 「マリーン5清水屋」百貨店リポート

1 中心市街地を愛する人たちに応えて(1)

地方都市の百貨店、ここでは酒田の中心市街地中町に位置する「マリーン5清水屋」百貨店を対象にしたフィールドワークを振り返る。今回のフィールドワークは、「中心市街地シンボルのゆくえ―百貨店の重要性と存在価値―」をテーマに実施された(2)。二〇一〇年春、そして二〇一一年秋、二度にわたりこの街を訪れ、中心市街地中町商店街を考える機会をここマリーン5清水屋百貨店から得ることになった(3)。短時間のくり返し滞在ながら、さまざまな角度から酒田の街や清水屋百貨店の課題と期待、可能性を追った。

とくに注目したのは、清水屋店内の空間デザインとイベント、メディア活用の点である。たとえば、洋服売り場の広い空間を活かしきれていない部分を多く感じた。エレベーター、エスカレーター周辺スペース、売り場スペースなどの有効活用である。その店舗の特徴を紹介・案内するには格好の空間が多い。そこに取り扱う商品が掲載されている女性誌や、コピーによって、お客さんたちに認知させる効果は、地方ならより必要である。

(1) ゼミ長 酒井菜摘(社会学科4年)担当。
(2) 本書、第6章を参照。
(3) 予備調査ユニット2。

セール商品などの陳列では、安いものを安く見せるのではなく、安いとはいえ商品の品質とおしゃれ度を表現させる工夫も重要。百貨店で消費する選択動機には、質の高いサービスで、百貨店で買った商品というブランド感などが付加価値となっている。ゆえに、〝ＳＡＬＥ〟という札を貼ってただ並べるのではなく、ディスカウントコーナーの一角として、看板とマネキン、大きな鏡を用意、専門のサービススタッフを配置するなど百貨店らしい空間づくりが重要と考える。

清水屋には都内で見かけるような、若者向けのファッションブランドのお店も多数入店している。ショッピングするのに十分な空間はある。ところがなぜ若者が立ち寄らないのか、地方で人が少ないレベルの問題ではなく、単純に入るためのきっかけがないことが考えられた。清水屋百貨店に入っているお店や商品の事を正確に知らない状況が大きいことを痛感した。実際、フィールドワーク中に店内の検証をしなければこのように多様な専門店の商品が入っている事実を知ることはなかった。

そこで、シンポジウムの報告にもあったような話題性のある様々なイベントの催し、「とりあえず中町」に、「清水屋に入ってみよう」という状況を形成すること(4)。ラジオやフリーペーパーなどを効果的に使い認知してもらう機会を増やすこと。イベントは、親と子、友人、カップルなど、多方面にわたるコミュニケーションが成立する空間づくりにも寄与する。イベントとメディア告知は、清水屋百貨店を〝知ってもらう〟ために重要な役割を果たす。

注目しているのは、清水屋が時代のなかで、人びとの求めるものと、地域の百貨店としての存在意義に沿って、変化を続けていることである。

何度か清水屋に足を運んでいると気がつくことが多数ある。エントランスにあるスペースも、

(4) ＳＣのキャッチフレーズを利用。

二〇一〇年春に訪れた時はただイスが置いてあるだけであった空間が、二〇一一年秋の再訪時には、おしゃれなカフェスペースになっていた。丸テーブルを置き、メニューを添えて花を飾る。それだけで空間が華やいでいた。休憩するお年寄りだけでなく、必要に応じて若者どうしのコミュニケーションの場にもなるのではないか(5)。

うまいものまつりなど、定期的に物産展もくり広げられ、新規の企画も増えている。百貨店らしい試みの増加は、地方に住む人びとの要求に応える清水屋側のサポートも大きい。

今回の調査でもっとも感じたのは、酒田の人びとは長く、街を愛する気持ちでいることだった。郊外型店舗全盛でありながら、中町や清水屋百貨店を中心市街地のシンボルたらしめるのは、そこに集まる人びとの地元を想う強い気持ちにある。地元の方々に比べたら私たちは、酒田を知らないことだらけではある。しかし、先輩達から受け継ぎ、長く続くフィールドワーク、そして昨年から続くこのユニット調査を通して、酒田の街の優しさをたくさん知ることができた。未熟な大学生の私たちの調査を支えてくださった地元の方々や応援してくださった方々、声をかけてくださったたくさんの方々の笑顔やその方たちとのふれあいがあってこそ、今回のシンポジウムやフィールドワークを最後まで全うすることができた(6)。

清水屋百貨店を中心とする酒田の街を、今回の研究で後にするにはさびしいと思わせるほど素敵な街であった。中心市街地のシンボルとして今後の清水屋百貨店に期待したい。

---

(5) 1Fのエントランスフロアの利用方法。

(6) 二〇一一年は「清水屋」問題が浮上して緊急のテーマ変更となった。

2 百貨店というステータスの確立(7)

二度目の酒田は、シンポジウムの報告者として、清水屋問題について語る機会に恵まれた。ちょうど四カ月前、予備調査ではじめて酒田を訪れた時、自分の生まれ育った東京と比べてしまった。そして「人が少ない。活気がない」など、地方都市特有の意見を簡単に述べていた。さらに予備調査の時、「こんなに人もいないし、老人ばかりの街に新しい百貨店があっても人は集まらないだろう」と思っていた。

しかし、この四カ月、地方都市の現状や中心市街地に位置する中町に根ざした地方の百貨店の存在をあらためて調べ、考え、議論し、社会学の視点から正確に論じることを心がけた。過去三度の先輩たちのフィールドワークや高校生調査の結果を再考し、正確に酒田の街を検証した。社会学的にみれば、確かに地方都市と東京を比べて、人が多い少ないで議論をしても何の問題解決にはならない。つまり人の多さ、若者の少なさ、あらゆる面で東京とは全く違う地域性と環境が存在し、そこでの単純な比較から回答を導き出すことはずれていることを痛感した。(8)

そこで地方都市の百貨店、ここでは中心市街地にある清水屋の存在価値・重要性を探りだすことからはじめることにした。郊外型ショッピングセンター（SC）全盛のなか、中心市街地の百貨店にとってのメリットは何かを考えた。(9) それがシンポジウムの論点ともなった「親と子のコミュニケーション空間」「友人間のコミュニケーション空間」「カップルのコミュニケーション空間」という独自性である。独自性つまりオリジナルな見地がこのコミュニケーション空間であり、ここから百貨店の存在価値を導き出そうということになった。(10)

---

(7) 白江芙実那（社会学科4年）担当。

(8) 瞬間映像的によみとらない。

(9) あらたなコミュニケーション空間の構築を考えた。

(10) SCとの差別化は百貨店の存在価値から。

『特別なものを買うときには絶対に清水屋百貨店!』というステータスが確立されるように、「清水屋でしかできない」、「清水屋だから行く」、という清水屋に向ける地元消費者の思いに応える空間構築である。「地方都市の百貨店なんてこんなものだろう」という、大都市との比較で論じられることではない、清水屋のオリジナルである。シンポジウムで論じられたような、清水屋に直結する各種イベント開催や、トレンドの提供、中町モールでのコラボ企画、店内でのイベントなどのアイディアの実現である。

しかし注意しなくてはならないのは、短絡的に若者向けや家族向け中心の企画だけでは既存の固定客層を逃すことになる。いまの固定客層とあらたな客層のバランスを取り入れた百貨店として、中町全体の活性化を求めて欲しいということ。可能なこと不可能なこと、バランスを考慮し、『清水屋百貨店最高!』と言われるようになってもらいたい。

シンポジウムでは、つらい意見もフロアから出たものの、百貨店問題がデリケートであるという事実も理解できた。それでも無事にシンポジウムを終えられてよかった(11)。先生、マリーン5スタッフ、清水屋百貨店スタッフ、そして酒田のみなさんに感謝している。大学四年間のなかで、清水屋で開催されたシンポジウムは一番緊張したステージだった。報告の場を与えてもらい本当に感謝している。リニューアルオープンされるマリーン5清水屋の存在が中心市街地のあらたな存在になることを。リニューアルオープンでは、ゼミ生たちとふたたび酒田に足を運びたい。ありがとうございました。

(11) 学術的な視点から外れた質問や断定された感情的意見に苦労した。

3 たくさんの可能性をもつ空間(12)

シンポジウムをとおして、清水屋をはじめとする、百貨店の現状を少しでも理解できた。このような機会にめぐり会えて、自分の考えをシンポジウムの時間に発言できたことはとても嬉しく思い、貴重な経験となった。

今回のフィールドワークとシンポジウムから強く感じたのは、「清水屋はたくさんの可能性がある」ということだった。ところがそれを活かしきれていないのも現状にあった。はじめての酒田市訪問ながら、とても落ち着きのある街として滞在した。だからこそ清水屋と中町商店街をもっと連携させて、お互いを活かしていけばもっと心地よい街になるのではと感じてしまった。

シンポジウムでも取り上げられた、デパ前（中町モール）との連携イベントはとてもいい案だと思う。移動店舗というかたちや「〇〇デー」とさまざまな特集を設ける。「新大久保デー」だとしたら、中町商店街でも、各店舗の韓国フェアなどをも催したり、その上で清水屋のデパイチ（1F食品館）でも韓国料理を販売したりすれば、中町商店街と清水屋に統一性も生まれる。また、かつての「SHIP」の時のようにステージを設けてあらたなアイドルがライブを開き、それをWEB配信することでメディアをとおした酒田の街として宣伝できるし、大きな話題性にもなる。(13)メディアなどをどんどん活用して酒田市を発信していく必要がある。

空間デザインの必要性も考えたい。清水屋に関して、はじめて訪れた時に目に入ったのは、一階フロアのまるで売りつくしセールのようなあつかいでカゴに積んである服に、〝SALE〟

(12) 木村ミサ（社会学科3年）担当。

(13) アイドルプロジェクトの再開。

と真っ赤で書かれた安っぽい貼り紙だった。百貨店に限らず一階フロアというのは、そのお店の第一印象につながる場所である。この現状では、清水屋が求める高級感は半減するし、とてもマイナスなことだ。百貨店の空間デザインを再構築していく必要がある。ファッション関係のディスプレイは雑誌掲載などを参考にして、よりトレンドをおさえていくべきである。「また行きたい！」とお客様が思うお店をつくるには空間デザインを積極的に改善するべきだと感じた。

さらに「食の酒田」といわれるように地元グルメを中心とした空間を整理すべきである。(14) いま東京で流行っているからというわけでもないが、〝スイーツパラダイス〟の酒田Ｖｅｒ．のような、内装はゆったりとできる空間をつくり、酒田の特産品を使った商品を展開する。ゆっくりできる〝とりあえず空間〟もできるし、友人間、親子間、カップルのコミュニケーション空間にもなる。特産品を使うことで、酒田市の宣伝にもなるだろう。清水屋にこのような空間をつくっていくことが望ましいと思った。

今回のシンポジウムとフィールドワークをとおして、先輩たち同様に酒田のあたたかい人に触れ、おいしい食に触れ、とても良い空気に触れることで、この心地よい空間のある酒田をもっと多くの人に訪れてもらいたいと感じた。またぜひ酒田を訪れ、心地よい百貨店空間を味わってみたい。

４　地元の人びとを感動させる百貨店(15)

予備調査と本調査を合わせて二度目の酒田と清水屋百貨店となった。二〇一〇年、最初に清

(14)　地元のシェフによる料理空間を清水屋に。

(15)　堀田里恵（社会学科４年）担当。

水屋を訪れた時、東京の百貨店とあまりにも違う状況に少し驚いた。店内には若者の姿はほとんどなく、お客様の多くはミセスや年配者であった。とても不思議に思えた。なぜなら、清水屋に入っているショップの多くは、若い女性向けの洋服をあつかい、東京でも人気のあるブランドばかりである。

フィールドワーク実施までの時間、ゼミでは百貨店には、SCにはないものを学習した。それは高級感であったり、特別な時に利用する商品であったり、ブランドの品ぞろえなどであった。何より幅広い世代の利用可能な空間が百貨店にはあること。子どもが自分のこづかいで買えない商品を親にカバーしてもらい、祖父母と孫のあいだでもそれが成立する。同じように百貨店には友人間やカップル間でのコミュニケーションを促進できる消費の条件が備わっている。

清水屋を訪れ、シンポジウムでの発表や酒田の人びとへのヒアリングによって、清水屋のこれからを考えることができた。当然のように、酒田の街を訪れる度に思うのが、食べ物が美味しくて、しかも東京に比べるとはるかに安い値段で食べられるということである。清水屋に入っているレストランや1Fの食品売り場のお惣菜や、パンもとても美味しくて驚いた。せっかくおいしいお店や食材が安く手に入るので、この点をもっと活用しない方法はない。よく言われるように、酒田の食材を使ったイベントの開催、具体的には、酒田の食材を使った、和食・洋食・中華・エスニック料理を提供するというようなこと。また、酒田にある美味しいと評判のお店と清水屋のコラボレーション商品を売り出すことも効果的だ。清水屋で売っている食べ物は美味しいのだが、それを外部へもう少しアピールすべきである、いまの清水屋の情報発信力は弱いと感じた。

百貨店の存在意義として、親子やカップル、友人とのコミュニケーションを促進できる環境がある。親子やカップル、友人とのコミュニケーションを促進するには各人がそこで味わう雰囲気である。誰もが思いつくように、店内のベンチをソファーに変えて、各階に休憩スペースを設け、調査報告にもあったが、各階で空間デザインを変えて、親子やカップル、友人というカテゴリー別の環境も考慮すれば効果的である。(16) とくに女性にとっては、トイレの雰囲気はとても大事なものであるので、トイレ掃除をこまめにしてお花を飾ってみたり、ホテルにおいてあるようなアメニティーグッズを置いたりするといいと思う。

清水屋のある中町商店街ともうまく提携していくこともより重要になってくる。ゼミのなかでも提案されたように、中町モールに移動カフェをつくる。清水屋と中町商店街との共同開催のイベントの開催。人が集まりやすく、清水屋に出かけてみるという気にさせられる。それをきっかけにして、多くの人に清水屋のよさを伝え、リピーターを増やし、中町商店街全体の底上げにもなる。

結局大事なことは、地域との密着性である。東京と地方では、百貨店利用客の年齢層や人びとの好みも違っている。清水屋は酒田の人びとが百貨店に求めているのは何かということを再確認する。それには地元に根ざした中町商店街との提携を強化することが重要な課題であると感じた。食べ物やアメニティといったものは誰にも共通する。シンポジウムの後でのマリーン5スタッフとの意見交換会で、成澤社長は、〝お客様を感動させる店〟をつくっていきたいと述べた。生まれ変わる清水屋にぜひそれを期待したいと思う。

(16) 各フロアにカテゴリー別コミュニケーションスペースを。

5　関心と不安と希望そして百貨店のプライド(17)

今回「中心市街地シンボルのゆくえ―百貨店の重要性と存在価値―」という共通テーマでシンポジウムを開催した。当初、一般の方がどれくらいの出席になるか心配であったが、予想を超える人たちが集まってくれた。厳しい意見も出されたが、積極的な議論ができた。これはもっとも、地元の人たちが、清水屋百貨店の今後に、大きな関心と期待を寄せていることの表れではないかと感じた。そして今回のシンポジウムでは学生だけでは気がつかない多くのこと、複雑な問題など、地元民しかわからないリアルな意見を聴くことで、この研究がより明確なものになったと思う。

印象に残っているフロアからの意見として、既に年に何回も開催されている地産地消をコンセプトに実施している農産物市のイベント「バイさかた」の存在を知った。そして清水屋で昨年はじめて開催した「ファッションショー」など意欲的な企画も盛んになっている事実も知った。さらに各種イベントを清水屋と地域が共同参画する試みなど、集客が可能になるのではないか、という意見も報告された。これはシンポジウムの報告3におけるエンタテインメント空間としての百貨店とリンクしている貴重な意見であり、非常に興味深いと思った(18)。

多様なイベントを催すことで、既存の年齢層に限らず、若者などあらたな層も清水屋へ出かけるきっかけづくりになるであろう。ただ、単純に「清水屋へ出かける」ということに限定するだけではその先が不明だ。利用してもらうには百貨店ならではの付加価値として、ここではコミュニケーション空間の必要性を強調したい。これはフロアからの厳しい意見にもあったよ

---

(17) 金杉知美（社会学科4年）担当。

(18) 多彩な組み合わせによるファッションイベントの開催。

うに、若者向けのエリアを百貨店内に整えたとしても、店員の質や立地条件などから結局は撤退に終わったという見方に対してである[19]。確かに同じ商品を買うのであっても、やはりどの店員から、どの場所で買うかによって、価値が違ってくると思う。しかしだからこそ、そんな付加価値をつけられる場所、百貨店としての存在が必要なのではないか。店員の接客や「清水屋百貨店」というブランド価値によるプラスアルファの付加価値こそが、SCにはない百貨店の魅力であり、強みであると感じる。その意味で接客の強化と百貨店としてのブランドの確立は重要である。

シンポジウムで報告した意見や提案は、現実問題として難しい点を抱えながらも、一昨年実施した市内高校生調査にもみられるように、若者は中町にメディア環境の充実とコミュニケーションの場を作ることを望んでいる。そして何より清水屋にその一部を機能する空間の構築に期待している。二〇一一年秋、若者向けのセレクトショップをオープンさせ、あらたな試みがなされている清水屋が、中心市街地の象徴として地元の方々に愛される場所になって欲しい。

6　酒田の百貨店であるという事実[20]

「地方都市のファッション・トレンド再構成―デパートのブランド別カテゴリー―」をテーマに、シンポジウムの報告をおこなった。フロアの方からのさまざまな意見が出された。なかでも印象的だったのが、「地元の人間からみてもSCに人が多く集まっている現状で、それでも清水屋は本当に必要だと思うか」という質問だった。

---

(19)　本書、第6章第4節を参照。

(20)　久保麻亜紗（社会学科4年）担当。

SCと百貨店を比較しないという前提を掲げたシンポジウムであったが、それでも述べるフロアの問いに地方都市の厳しさを感じてしまった。これまでの研究による検証では、「目的を持って出かけるのが百貨店」という認識に立っていた。ところが一般の方々は、百貨店にそのようなイメージを抱いていないことが明らかになった。地方にいながら東京と比べてしまう事実に正直悩まされてしまった。私たちが社会学的に学術的にどのような根拠を示しても、「東京の人だから」と思われてしまう強迫観念に駆られてしまったのは否定できなかった。その結果、発言内容は慎重になってしまった(21)。

しかし、質問者側の学生たちは、実際に清水屋を歩いて感じたことや、具体的に検証した内容を率直に語り、本来のシンポジウムに修正され、進むことができた。現実に検証した事実をもとに議論するという趣旨に立ち返ったことである種の強迫観念を払拭した。

当日の討論者との意見交換では、「東京」と「地方都市」を比べることにとらわれすぎることなく、商品の展示方法や、空間デザインのことなど、清水屋の抱える現実に対し、素直に論じることができた。学生の素直な意見に対し、理解を示してくれた地元出席者が多いことにも救われた気持ちになった。フロアからの厳しいご意見や、鋭い質問を通して、事前準備のなか、担当教員が何度も何度もくり返し「清水屋問題はデリケートな問題だから。」と言っていたことが、少しわかったような気がした(22)。

ターゲットになっているマリーン5と清水屋スタッフの方々が、最後まで献身的なサポートをしてくださり、私たち学生を快く受け入れてくださったことに、感謝の気持ちでいっぱいになった。予備調査から本調査、一つの研究プロジェクトのために、この二年間で八度のユニット調査、そのなかで構築された地元関係者との人間関係は、「挨拶」、「名刺交換」、「写真」、

---

(21) フロアからみればあくまでも部外者であるという認識。

(22) 中心市街地維持オンリーの意見だけではない。

「メッセージ」など、本当に小さな事の積み重ねによって生まれているものだということを実感した。卒業後の自分たちの進路にも関係し、貴重な経験になったと思う。四年ゼミ生たちとの一体感はこのシンポジウムをとおして生まれたような気がする。

7　百貨店のスタッフとエンタテインメントの世界を[23]

まず今回のフィールドワーク、そしてシンポジウムを通して感じたこと、得たことから入りたい。シンポジウムでは報告者としての役割を担当した。テーマは、百貨店のエンタテイメント空間に関するものだった。卒業論文の研究テーマも「ポピュラー・カルチャー」の領域のため共通するものがあるという理由だった[24]。六月の時点で、報告者の役割を告げられた時、正直自分に務まるのかなと不安に思いました。でもこういった経験がなかった私にとってこんな機会は訪れるものではなく、準備に全力をあげる日々がはじまった。本ゼミやサブゼミの時間は、シンポジウムに向けてゼミ生全員で意見を交わし、何度も報告の練習を重ねた。

酒田に入り、前日のリハーサルでは全く報告にならず、修正のくり返しだった。ホテルにもどり、寝る前に報告内容の確認をしたが、不安でなかなか眠れないまま当日を迎えた。

シンポジウムが開始し、緊張しっぱなしで何度も頭がパンクして倒れそうになりました。この緊張や不安は私だけではなかった。みんな一生懸命自分の役割をこなしている姿をみて、私も心を強く保つことができた。途中でフロアから厳しい質問を受けた時、会場が凍りついた。予想外の、応えることの不可能な質問だった[25]。正直どうしようと、下を向きそうになるなか、その質問に答え続ける司会であるゼミ長の姿をみて、とても頼もしく感じた。シンポジウムの

---

(23) 駒松依子（社会学科4年）担当。

(24) アイドルタレント研究。

(25) 社会学の視点では対応できない内容。

最後、先ほどの厳しい質問に対して、担当教員が学問上の相違や社会学的には無理のある質問に対しての回答を後ろで聴いている時、ぐっとこみあげるものがあった。シンポジウム終了後、全員がかけよった瞬間、涙があふれた。緊張と不安が一気に解けたのと、達成感からくる涙だったと思う。ゼミ生全員笑いながら泣いた。私はこの時、何て良い経験をさせてもらったのだろうと心から思った。多くの反省点もあったが、この経験は絶対これからも活かしていきたいと。

フィールドワーク、そしてシンポジウム終了後に、マリーン5清水屋スタッフの皆さんとの意見交換会がおこなわれた。驚いたのは、シンポジウムの会場が、マリーン5側の配慮で、シャンデリアなどの豪華な飾り付けに変わっていた。そして料理、おしゃれな飲み物などを用意してくださった。マリーン5成澤社長のモットーである「もてなしの心」を、その光景から感じ、心からの感動を覚えた。(26) スタッフと一緒に食事をしながら意見を交わした。最後の挨拶の時、マリーン5清水屋スタッフの皆さんに、ゼミ生から感謝のメッセージを渡した際、本当に喜んで受け取ってくださった。その一つ一つがとても嬉しく感じられた。このフィールドワーク、シンポジウムでは、本当に多くの清水屋の皆さん、酒田の皆さんに協力していただき、感謝の気持ちでいっぱいだった。このあたたかい出会いと感謝の気持ちは一生わすれないし、それが地方都市の百貨店を支える原動力になることは疑いのないことだった。

そして、シンポジウムという課題に取り組む中で、ゼミ生どうしの仲が深まったことは大きな収穫だった。四年生とは、シンポジウムに関しての話し合いはもちろんのこと、皆で夕食を食べたり、部屋に集まって色紙を書いたり、いままで以上に強い絆が生まれた。三年生とは、それまでほとんど触れ合う機会がなかったが、今回のフィールドワークで一緒に打ち合わせを

(26) 成澤五一社長のアドバイス。

したり、さまざまな会話をしたり、三年生とのあらたな関係ができた。

百貨店のエンタテインメントに関する部分を担当した自分は、やはりこれからの清水屋のエンタテインメント環境の充実に大きな期待を抱いている。報告した企画にある、移動店舗を使用した中町モールとの連動イベントや「原宿デー」、「渋谷デー」といった物産展とは違った魅力を持つイベントの開催を通じて、より清水屋が親子、友人、カップルにとってのコミュニケーション空間の場になって欲しい。個人的にはやはり酒田発アイドルの復活に大きな期待を寄せずにはいられない。酒田の街の本質「メディア文化の街」、「食文化の街」を最大限に表現し、清水屋オリジナルのエンタテインメントを構築して欲しいと思っている。これからの清水屋に対する大きな期待を胸に抱きながら、フィールドワーク、シンポジウムに参加したゼミの仲間たちと人間として成長していきたい。

8 広報・PR・宣伝活動の充実(27)

清水屋百貨店の課題と期待、昨年から今年にかけてのべ八回の予備調査を経て、今回の本調査にのぞんだ。この間、私たちが酒田を訪れフィールドワークを実施することに何の意味があり、何か影響をもつことがあるのだろうかという不安を抱いていた。しかし実際に、調査やシンポジウムを進めていく過程で、地元の人たちにはみえない部分を、自分たちが客観的に、周辺から酒田の街、中町商店街、清水屋百貨店をみることで浮かび上がった課題や期待を実感することができた。

今回、課題として感じたことは、具体的に内装からで、シンポジウムでも指摘があった1F

(27) 島村彩菜(社会学科4年)担当。

の配置である。多くの指摘にあったように、1Fは百貨店の顔であり、あまり目的がない人も必ず足を踏み込むスペースである。それが入った瞬間、「え、スーパー?」というような印象を与えてしまうのは残念だと思った。しかし、売り場にある惣菜を買って食べると、どれもおいしく「どれにしよう?」と散々悩んでしまった。このギャップは何だろう。内装はスーパー、味はデパ地下レベル、これがマッチングしたら紛れもなく清水屋百貨店の1Fフロアの充実と機能が高まるであろう。目立った企画として、調査報告でも紹介したように、1Fフロアの惣菜バイキングは、一定の金額を払って、好きな惣菜をプレートに盛ってカフェスペースで食べられるのは魅力的な提案だということを再度強調したい(28)。

昨年春の予備調査で清水屋を訪れた時に比べ、進化している部分もあった。1Fエントランス入口にカフェスペースが設けられ、かき氷やドリンクを頼めるのは魅力的だった。もう少し酒田らしさを出すならば、フルーツジュースを提供してみるというのもいいかもしれない。刈屋ナシブランド(29)を代表とするフルーツがたくさんある酒田なのだから、それを活かしてみるのもいいと思った。

課題として、「全国うまいものまつり」や「物産展」そしてデパ前でのイベントなどたくさんの催しを清水屋は実施しているにかかわらず、PRが少ない。百貨店しかできない独自のイベントを多くの人に発信できないかということ。酒田の年齢層は三〇代以上が多いとのこと、それぞれのご年配の方の利用も多い。インターネットはもちろんのこと、クラッシックな媒体でも宣伝活動の方法は、ポスターやチラシ、新聞折り込みなど、バランスよく発信していくしかない。現時点で、宣伝費をかけられない事情もあるようだが、新店舗になったら期待もかけられると思う(30)。

---

(28) 本書、第3章、大学生質的調査Iの総合的トピックを参照。

(29) 「刈屋ナシ」オリジナル商品。

(30) 本書、第2章第四節を参照。

今回、シンポジウムに足を運んでいただいた方々からの鋭い指摘や意見をいただいた。厳しい意見も受けたが、参加した方々の「(酒田に愛着があるからこそ)さらに活性化して欲しい」、そういった強い思いの表れであるように感じた。また、マリーン5清水屋スタッフとの意見交換会では、自分たちの調査内容に対して、百貨店の方々の「この清水屋を盛り上げていこう」という力強い思いも伝わってきた。確実に前回、一昨年に訪れた時とは変化している清水屋。従業員全員が一丸となり、この実行力と継続力を持っていけば必ず結果につながっていくという期待を抱かないではいられなかった。

予備調査から本調査、シンポジウムにあたり、清水屋関係者の方々にサポートいただきフィールドワークが実現できたことをと本当に嬉しく思っている。今回の調査に終わらず、これからのゼミ後輩たちにも、中心市街地研究を続けて欲しい。

9 「マリーン5」従業員のもつ視点と魅力を前面に(31)

本調査で酒田入りし、予備調査の時と酒田のイメージが大きく変わった。この一年間のあいだに清水屋は大きな変貌を遂げたのである。予備調査の時は、どちらかというと受動的な調査しかできず、得られた知識は直接みたこと、聴いたことが中心であった。しかし本調査では、自ら主体的に、地元の人びととのコミュニケーションを心がけた。あらたな知識や百貨店の価値観の相違など、自分の視点から確認した。予備調査ではみえなかった酒田という街の魅力、清水屋が百貨店としての立場を考えながらこの一年間続けてきた成果を直接感じることができたのだ。客観的にみてこの一年間で清水屋は大きな変貌を遂げた。私たちもあらたに清水屋に

(31) 松山弥生(社会学科4年)担当。

求める内容もより詳細に考えるようになった。

清水屋を対象とした調査では主に、「存在価値」「ファッション」「エンタテインメント」という三つの観点からとらえてきた。なかでも清水屋にとってもっとも大きな課題はファッションフロアの充実であると考えた。本調査にあたり、ファッションフロアの第一印象は予備調査の時と変わらず、やはり殺風景で雑然としている。一つ一つを取り出せば魅力的なブランドが取り揃えられているにも関わらず、それぞれのブランドが個性を隠し合い、その魅力をアピールしきれていないように感じた。ターゲットの世代に関わらず、女性の目を引くディスプレイ空間の工夫、より目立つセール商品やトレンド商品のアピールが重要であると思った。

シンポジウムを終えて、スタッフとの意見交換会で、マリーン5の女性スタッフによれば、ブランドの誘致も課題の一つであり、認識をもつことは大事にしているという。(32) シンポジウムで具体例として挙げた若者向けのブランドおよび渋谷109に入っているブランドのほとんどを誘致したこともあったと。ところが、清水屋の客層や売り上げ状況をみると、それに応える返事は返ってこない。現状として、いま店頭に並ぶブランドをいかにアピールし、可能な客層に認知してもらうことが先決のようであった。ただ、ファッション・トレンドに対して、従業員の視点はこちらの意図を大きく超えた現実をみていることを知った。

一方、清水屋の将来に期待できる分野は「エンタテインメント」である。清水屋はすでに、休憩スペースの拡大や、ファッションショーの開催など、一般の百貨店との差別化を図るための様々な試みを始めている。とくに、「グルメ」に関しては想像以上の取り組みであった。シンポジウムでも何度も話題になったが、食べ物が美味しいことは酒田という地域の大きな魅力。ただし、自然が育んだ果物や、従来の名産品をそのままＰＲするだけでは、これまでとは変わ

---

(32) 2Fのヤングカジュアルを中心にしたフロアリニューアルに期待。

らない。イートインスペースの拡大や、手軽にテイクアウトできるサービスの工夫、新規顧客の獲得につなげるためのクーポン配布など、食材や味覚以外にも付加価値をつけた話題性を生み出すことが重要である。地元の人びとが慣れ親しんだ伝統の味に工夫を加えることによって酒田から全国へその美味しさを発信する。あらたなムーブメントを巻き起こして欲しい。

フィールドワーク全般で大きく感じたのは、清水屋の〝人〟の魅力である。清水屋に携わる方々は、清水屋を愛し、酒田を愛し、清水屋だけではなく、酒田の街全体を必死に活性化しようとしていた。お客さんへの声のかけ方、接客など、清水屋を取り巻く厳しい環境もありながら、それを超えるような高い意識をまだ未熟な自分たちでさえ感じた。その清水屋に関するプロジェクトの研究に参加できたことは、私にとって大きな誇りであり、自分自身の成長の糧となった。心から感謝したい。今後、ふたたび酒田の街を訪れた時に、その変化を、酒田の人びとと、清水屋の人びととのコミュニケーションによって感じ取ることができたら嬉しい。

10　積極的な挑戦を地元のために(33)

清水屋百貨店には、予備調査と本調査で二度足を運んだ。春と秋、いずれの時期も店内にお客さんの姿は少なく。それに合わせるように店全体の活気もないように感じた。ところがフルーツや野菜をあつかっているお店の方は、とても若いさわやかな女性の方ばかり、商品の知識が豊富で、野菜などの説明も丁寧だった(34)。打ち合わせや休憩に使用した店内の喫茶店は、オリジナルなメニューもたくさんあり、美味しかった。そこに集まる女性のお客さんたちはおしゃれなセレブ的な雰囲気を漂わせる女性が多く、百貨店らしいと感じた場所でもあった。ま

(33) 熊谷彩菜（社会学科3年）担当。
(34) 1Fフロアの野菜・フルーツコーナー、通称「ガールズ農園」。

た婦人服売り場など何人かの店員さんと接したが、一人ひとりの接客はとても丁寧で親しみやすい。決して、活気がないわけではなかった。

であれば最初に清水屋に入り、あのように感じたかというと、他のゼミ生同様、東京の百貨店というイメージが先行し、すべてそこと比較してしまうという感覚のズレがそうさせているのだ。地方に出かけ「人がいない、お店が少ない」、誰もがそのように口に出すことこそ問題である。社会学から考えたらステレオタイプ(35)の何物でもない。

ただ、それはそれでも実際の清水屋の印象は現状のイメージを少しでも高めるために、ある程度店内の雰囲気を再検討する必要もあるのでは。ゼミでの議論によくあがったのは、清水屋の「空間デザイン」に取り組む必要である。どうしても人間は、視覚でとらえたものや第一印象は、物事を選択する重要な判断材料になる。たとえば、お客さんが清水屋のエントランスに立ち止まった時点で抱くイメージは重要である。目的があるかないかにかかわらず、お店に入りたいという選択に大きな影響をおよぼす可能性がある。そして店内では、照明一つ、価格表示の方法一つ変えるだけで雰囲気や印象というのは全く違う方向に転換させることもできる。これらのことは、東京から有名な店を誘致するような難しいことではなく、身近なところからアイディアを取り入れるだけでも、リスクも少なく清水屋百貨店の進化が望めると思う。

百貨店のイメージアップからつぎに取り組んでほしいのは、毎月入れ替わる「期間限定ショップ」のような企画である。短期間に次々と新しい企画や出店をすることで、目的がはっきりしていなくても、清水屋に足を運ぶきっかけとなる。特定のお店を入れないことで、多種多様な催し物が開けるメリットも存在する。これまでのようなフリーマーケットから、農家の人と提携して「地産地消」をテーマに惣菜などの販売は、興味のあるものだ。こうした企画は

(35) 根拠も曖昧なままの固定観念。

ある意味エンタテインメント要素が高く、お客さんの意見も反映しているし、老若男女幅広い年代の人をターゲットにおくこともできる。地域の人たちとのコミュニケーションの場を提供することにもなる。既存の営業以外に、定期的な話題提供と関心を提供するのも百貨店の役割といえるのかも。つねに、清水屋は酒田の関心を集まる場所になって欲しい[36]。

今回、フィールドワーク実施にあたり、大学生調査はヒアリング結果の分析などを通じ、百貨店をめぐるさまざまな意見に触れた。納得させられたり、革新的なアイディアだったり驚きの連続だった。詳細な分析を続けることで、取り上げられた意見は、リスクも少なく実現できそうな現実的なものが多く、今後の清水屋に大きな可能性を感じた。清水屋は、人がいない、SCには勝つことができないと、受け身で消極的になるのではない。競争する必要な全くない。むしろ思いを寄せる人びとのリアルな声を大切にし、あらたにどんどん積極的に挑戦していく百貨店であって欲しい。いま抱いているあらたな視点によって、プライドをもったオリジナルな、地元の人びとに愛され続ける百貨店として進化を遂げられるのではないか。

11 オリジナルなまちづくりと百貨店の存在価値[37]

シンポジウムを終えて一番強く感じたことは、やはり、清水屋は酒田の街の人びとから愛されているということだ。シンポジウムに協力してくださった関係者の方々の、清水屋に対する思いがとてもよく伝わった。百貨店の重要性や存在価値を考え、街のシンボルとなるにはどうしたらよいのかシンポジウムに向けて奔走してきたが、清水屋はここで働く人びと、なじみのある人びとに支えられているということをあらためて感じた。清水屋に限らず、かつてのよう

(36) 年間をとおした物産展プラスファッションショー的なイベント。

(37) 今井菜々子(社会学科3年)担当。

な活気ある百貨店としてのあるべき姿に返るには、時代性や地域性、環境など厳しいものが多く存在している現実がある。それを承知の上で、シンポジウムに参加してくれたスタッフの方々の酒田の街を、そして清水屋を愛する姿勢。それに参加するその地域の人たちの存在は必要だと感じた。

シンポジウムでも討論した、「コミュニケーションの可能性」を清水屋百貨店に求めるならば、空間づくりはもっとも重要な問題点だとあらためて思う。予備調査ではじめて清水屋を訪れた際に感じた印象は、やはり、普段東京で目にしているような百貨店とは同じ百貨店とは思えないというものだった。百貨店には高級なイメージがあり、清水屋をはじめて訪れた時に、照明・壁・床、すべてのものからそれを感じ取ることができなかった。しかし、百貨店に高級なイメージを持ってしまうのは私の勝手な価値観で、清水屋にただ高級感を取り入れればよいという問題ではない。むしろ空間のデザインがお店に入って全く感じられないことが問題なのだ。親子・友人・カップルがコミュニケーションの場として利用できるようなもっと具体的なコンセプトを持った空間をイメージしていかなければいけない。しかし、「東京」を真似たものにすることは、酒田にある、酒田のシンボルとなるべき百貨店がすることではないようにも思った。シンポジウムでも述べた大学生調査報告のなかで提案されている、酒田特有のものを持つオリジナルな部分を取り入れた百貨店をめざしていく必要があるのではないか(38)。

さらにメディア文化が盛んな酒田ならではとして、やはりもう一度アイドルを立ち上げるプロジェクトは効果的なのではないかと思った(39)。今回のシンポジウムや予備調査から、若者が少ない、人通りが少ないという厳しい現実もありながら、それ以上に酒田の街は食・メディアなどの素晴らしい文化に恵まれていることも実感した。オリジナルな地域性を生かした街づくり

(38) 酒田特有のオリジナル清水屋バージョンの制作。
(39) メディア文化の街で、アイドルをふたたび発信して欲しいという要望は多かった。

にすることをめざすためにも清水屋の存在価値は高い。その第一歩として清水屋が生まれ変わることは、酒田の街にとっても重要なことである。

〈参考文献〉

・仲川秀樹、二〇一〇年、『おしゃれとカワイイの社会学―酒田の街と都市の若者文化―』学文社
・仲川秀樹、一九九四年、「地方都市の若者文化とマスコミの役割」『日本文化論への接近』日本大学精神文化研究所
・仲川秀樹、二〇〇四年、「地方都市活性化の試みと世代間にみる影響の流れ―酒田・中町商店街活性化のプロジェクト意識をめぐって―」『二〇〇三年文理学部研究費研究成果報告書』日本大学文理学部

第6章

中心市街地シンボルのゆくえ——百貨店の存在価値を探る——

第1節 「二〇一一年中町シンポジウム」(1)を振り返る

1 百貨店におけるコミュニケーションの可能性——親と子・友人・カップル、それぞれの空間——

司会(2) それでは、ただいまより、「二〇一一年第3回中町シンポジウム」を開催させていただきたいと思います。本日は、秋の連休のお忙しいところ、マリーン5清水屋イベントホールまで足をお運びいただき、まことにありがとうございます。ゼミナール生一同、心より御礼申し上げます。また、今回のシンポジウム開催にあたって、たくさんの関係スタッフの方々よりご指導とご教示をいただきました。厚く御礼申し上げます。

本日の発表に関しましては、昨年度五月の予備調査から本年度九月の本調査まで、六つのユニットに分かれ、ゼミ生たちが調査を続けてまいりました。調査内容・報告内容に関しま

(1) 二〇一一年九月一八日(日)、一二時三〇分〜一五時三〇分開催。

(2) 担当は社会学科4年、酒井菜摘。

しては、社会学専攻のスタイルをベースにまとめてはおりますが、未熟な部分や未完成な部分が多々あるかと思います。その点に関しましては、ご参加いただいた皆様方からご指摘などいただければ幸いに思います。どうかフロアの皆さま、私たちの拙い研究ではございますが、耳を傾けていただければ光栄に存じます。

それでは、プログラムに沿って進めさせていただきたいと思います。今回のシンポジウム共通テーマは「中心市街地シンボルのゆくえ―百貨店の重要性と存在価値―」です。最初にプレ報告といたしまして、「百貨店におけるコミュニケーションの可能性―親と子・友人・カップル、それぞれの空間―」です。それではよろしくお願いします。

プレ報告 最初にプレ報告をいたします。(3) よろしくお願いいたします。

では、報告書に沿って進めさせていただきますので、一ページをご覧下さい。「百貨店におけるコミュニケーションの可能性―親と子・友人・カップル、それぞれの空間―」。

今回、このシンポジウムをおこなうにあたっては、主につぎの四点の研究成果を理論的前提として、百貨店をめぐる論点を導き出していきたいと思います。以下の四点をあげさせていただきましたのでご参照下さい。

○『メディア文化の街とアイドル―酒田中町商店街「グリーン・ハウス」「SHIP」から中心市街地活性化へ―』(二〇〇五年)

○『もう一つの地域社会論―酒田大火三〇年、「メディア文化の街」ふたたび―』(二〇〇六年)

○『おしゃれとカワイイの社会学―酒田の街と都市の若者文化―』(二〇一〇年)

○「酒田市内高校生八〇〇人調査」(二〇〇九年)

---

(3) 担当は社会学科4年、金杉知美。

〈百貨店をめぐる前提〉

それでは、百貨店について具体的にみていきたいと思います。百貨店をめぐる前提として、一つ目に、百貨店は商店街と共存すること。一方で、ショッピングセンター（以下ＳＣ）は商店街と競合すること。

二つ目に、百貨店は目的をもち出かけるという意味が強く、一方、ＳＣは目的がなくても出かけてみようという「とりあえず空間」としての意味が強いことです。(4)

〈百貨店という空間〉

つぎに百貨店という空間を考えてみます。百貨店は高価で大人の空間という意味が強く、消費選択における範囲が年齢層によって限定されてしまいます。それは優待や贈呈といった目的をもつ消費行動に反映されています。若者単独での消費は限られてしまいますが、催事やフェスティバルなど、全国的なエンタテインメントに関するイベントなどはその限りではありません。

〈百貨店におけるコミュニケーション空間〉

そして、プレ報告のタイトルでもある百貨店におけるコミュニケーション空間です。①子の欲求するブランド品等を親が充足させるということで親子間のコミュニケーションが成立。②トレンド商品の観察や購入をめぐる過程の楽しみということで、友人間のコミュニケーションが成立。③そしてカップルにのみ共有可能な消費環境の存在ということからカップル間のコミュニケーションが成立すると考えます。それぞれにコミュニケーション環境を提供する特有な空間を百貨店には持ち合わせております。

(4) 仲川秀樹、二〇〇五年、『メディア文化の街とアイドル』を参照。

〈百貨店は目的をもつ消費行動・消費選択が構築されている空間〉

百貨店をめぐる消費環境は、時代の連続性の中で消費意識の分散が生じ混乱をきたしていること。大都市と地方都市でのあつかいの相違。つまり、百貨店を一括りとして論じる危険性についても同時に考えていきたいと思います。そして、地方都市（山形県酒田市の地域性）に適応した百貨店の重要性と存在価値をみていくことも必要になってきます。

そこで、地域性を理解する上で、酒田のメディア文化の歴史に触れながら、いま一度その論点を再考していきたいと思います。

〈メディア文化の街「酒田」の環境〉

（1）メディア・エンタテインメント環境

メディア文化の象徴的スポットでもある洋画専門館「グリーン・ハウス」の存在がありました。一九七〇年代に完成されたこの複合型映画施設（シネマ・コンプレックス）では、東京と酒田の同時ロードショーを可能にしました。(5)

（2）レストラン・エンタテインメント環境

本格的フレンチレストラン「ル・ポットフー」「欅」の存在があります。多くの芸術家や文豪、著名人に認められた味は、酒田の食のシンボルであるといえます。(6)

（3）日常と非日常・エンタテインメント環境

日常的に映画を楽しむことができる、非日常的にレストランを訪れるという、日常と非日常の融合によって、エンタテインメント環境における首都圏とのタイムラグを解消し、この次元での「地方に住みながらも大都市のスタイルを楽しめる」というプライドを確立しました。これこそが、酒田がメディア文化の街とする根拠の一つであるといえます。(7)

（5）メディア文化の街が焼失し、封印された。

（6）食の庄内・酒田のメインレストラン。

（7）メディア環境の充足を歴史的に証明した事例。それにアイドルプロジェクトなど。

たとえば、地方から大都市へ出たとしても、このようなメディア環境の存在に、「酒田だって」というプライドをもてるのではないでしょうか。よって、メディア環境の継承ともいえる「映画と食事の文化的側面」が大きな意味をもつことになるのです。

〈中心市街地と郊外SCのせめぎあい〉

（1）酒田大火がもたらしたものと郊外型社会へ

一九七六年一〇月の酒田大火により、酒田の中心市街地が一夜のうちに焼失しました。[(8)] 一九七八年、中心市街地の復興が進んだものの、歴史的な消費構造の流れは中心市街地から郊外型へと変化していきます。その結果、中心市街地である中町商店街から郊外SC全盛へと変化したのです。

（2）中心市街地活性化へのメディア文化的試み

二〇〇一年、中町商店街スタッフが中心となり、メディア文化復活を目ざして地方アイドルの先がけである「SHIP」が誕生します。[(9)]「SHIP」は商店街発アイドルとして全国に「酒田」「中町」「商店街」「商工会議所」のネーミングを浸透させると同時に、「庄内米」などの特産品も全国にアピールしました。

（3）酒田をメディア文化の街とする根拠を確立

この現代的メディア文化である「SHIP」アイドルプロジェクトによって、酒田はメディア文化としてシンボライズされました。さらに、あらたなメディア文化のスタイルも提示されました。それが、「静態的メディア文化」と「動態的メディア文化」です。[(10)]「静態的メディア文化」としては、雛街道・傘福・鵜渡河原人形などがあり、「動態的メディア文化」としては、酒田舞娘、商店街アイドル・料亭レストランなどがあります。この「静態的メディ

（8）中町が消えて、精神的な支柱（映画館）も消えた。

（9）酒田発アイドルプロジェクト。

（10）仲川秀樹、二〇一〇年、『おしゃれとカワイイの社会学―酒田の街と都市の若者文化―』学文社、一五九―一六〇ページ。

です。

ア文化」と「動態的メディア文化」をベースに、酒田のメディア文化は進化を遂げていくのです。

〈都市の若者文化とメディア環境の構築〉

（1）酒田の〝おしゃれ〟と〝カワイイ〟

二〇〇九年、「酒田の〝おしゃれ〟と〝カワイイ〟」をテーマに、ゼミの先輩たちはフィールドワークをおこないました。酒田市内の高校生八〇〇人調査と高校生ヒアリング調査を分析しました。結果のなかで注目したのは、高校生が選んだ酒田の〝カワイイ〟は、伝統的カワイイの「獅子頭」がダントツ一位であること。酒田の街は自然が豊かで暮らしやすく食べ物がおいしいこと、日常の楽しみは友だちと遊ぶことや学校生活などという回答でした。高校生の酒田の街に対する強い愛着がみられました。しかし、卒業後の進路や生活は、街への愛着とは別次元であることが分かりました。(11)

（2）若者が中心市街地に求めるもの

また、高校生調査からは、中高生の中心市街地に抱く環境は何かも明らかとなりました。なかでも学校帰りや休日などに利用する「余暇を楽しめるショップの導入」という意見が多くあがりました。友だちどうしのコミュニケーション空間を整備することです。さらに「メディア環境の充実」という声は、市街地に映画館やエンタテインメント空間などを作って欲しいということです。時代は変化しても、メディア文化の街としてのプライドに応える環境を、高校生たちも求めていることが分かりました。(12)

（3）中心市街地に必要なメディア環境

さらにこの調査をふまえ、中心市街地に位置する百貨店「清水屋」に望む店舗に関した選

(11) 同上書、七〇－七一ページ。

(12) 同上書、七四－七五ページ。

択肢から分析しました。そこには既存の「清水屋」百貨店と、「109」的空間のバランスを考える必要があるということです。[13] 地方都市でも東京に対抗できるメディア環境の充足を可能とした当時（一九七〇年代の酒田）のような環境への回帰が求められているのです。その答えは、清水屋の存在に関連していました。そして、今回のシンポジウムのテーマへとつながりました。

〈中心市街地シンボルの再考〉

（1）百貨店の役割を再考

若者が求めているコミュニケーション空間として、既存の客層もカバーしながら若者が求めているコミュニケーション空間の可能性を探っていきたいと思います。

（2）百貨店の存在価値を再考

百貨店の存在価値には、百貨店のファッション・トレンド性、エンタテインメント性という視点から考えていきたいと思います。

（3）地方都市の百貨店に必要なもの

メディア環境を充足させる空間構築の可能性です。（かつての「グリーン・ハウス」のように）酒田でも誇れるスポットの構築は、中高生が卒業後に酒田を離れても、回帰する条件となる可能性が高いと思います。百貨店に秘めた可能性を大学生質的調査から分析していきます。

さらにゼミユニット調査での分析などをとおして総合的にまとめた結果から、本シンポジウムを進めていきたいと思います。

以上でプレ報告を終了させていただきます。ありがとうございました。

---

(13) 百貨店とファッションビルの並列を望む。

2　中心市街地シンボルのゆくえ―百貨店の存在価値―

司会　プレ報告ありがとうございました。続きまして、本報告の方に移ります。報告1「中心市街地シンボルのゆくえ―百貨店の存在価値―」です。それではお願いいたします。

報告1(14)　本日はよろしくお願いいたします。報告1としまして、「中心市街地シンボルのゆくえ―百貨店（デパート）の存在価値―」です。

私は、四年ゼミのユニット3として、本年五月に酒田に入りました。この予備調査は、四年ゼミ生としてのファイナルとなりました。一番ホットな酒田の街と中心市街地の百貨店をみる機会となりました。予備調査では、これまで多くのゼミの先輩たちが語ってきたように、そしてマスコミでも報道されているように、地方都市の中心商店街の姿が象徴的に浮き彫りにされているのを確認することができました。それは、「中心市街地の中町商店街に人がいない」「歩いている人が見受けられない」という現実でした。そして、酒田の中心市街地のシンボルである清水屋は、全体的に人が少なく、高齢者の方々はちらほらと見受けられましたが、若者は全くというほどいませんでした。(15)

〈中心市街地に人がいる、いない、のレベルではない〉

しかし、この指摘はもう既に何度も語られており、それに対する回答もこれまでの研究成果のなかで論じられてきました。人がいないのは酒田だけではなく、酒田特有の問題ではないことです。論点は、地方都市に人がいるかいないかではなく、その環境のなかでどのような対応と解決策が必要かを考え、論じていくのが社会学的な視点、つまり百貨店をめぐるシ

(14)　担当は社会学科4年、白江芙実那。

(15)　大都市と人口動態、人口密度、人口分布は大きく異なる。

ステム問題の解明ということになります。

東京で生まれ東京で育ち、当たり前の人口密度のある百貨店を経験してきたため、自分自身の思い込みで、すぐに東京の百貨店と比べてしまいました。しかし、よく考えてみれば、大都市の百貨店と地方都市の百貨店を比較してみることに何の意味もありません。すべての環境が異なる状態で、自分の価値だけで感想を出しても何の問題解決にはなりません。これは、社会学でつねに議論されているシステムの問題だからです。いま一度、今回のフィールドワークの意味を再考し、共通テーマにシフトしながら主観と客観が交差しながらも、自分のみた考えを正確に伝えていきたいと思います。

〈百貨店の存在は酒田のプライドの一つ〉

まず、街を愛してもらうためのシンボルとして、また、酒田市のプライドの一つでもある清水屋の重要性と存在価値、そこに求めるものを探っていきたいと思います。一般に、百貨店の存在価値は、その百貨店がある街の文化、社会的地位を象徴するものです。山形県内での百貨店のある街は、酒田市以外には県庁所在地の山形市、そして歴史ある米沢市、この三市しかありません。この三市の歴史や位置関係からも、百貨店が存在しているその街の重みが感じられるでしょう。全国的な百貨店分布もまた参考にしてみると、首都圏、とくに東京の場合、「百貨店」イコール「その街」がシンボリックに認知されています。その街に出かけることは、その街のシンボルをめざすことでもあり、酒田市の中心市街地である中町商店街、その中心に位置するのが、この「マリーン5清水屋」なのです。

〈コミュニケーション空間の可能性〉

歴史的にも大きな買い物をする場所といえば百貨店ですし、置いてある商品は時代の最先端でありトレンド性の高いものでした。しかし、高級感があり、信頼性のある商品の需要も、時代に沿った消費行動の変化から、価格の高い商品が多い百貨店を受け入れる階層も狭まってきました。格安志向の近年、同じ商品ならば値段を安く設定している店舗へ人が流れてしまいます。従来の百貨店に抱くイメージに対しても、消費選択のスタイルというシステムにズレが生じるようになってしまいました。消費嗜好分散化などの複合的な要因も重なり、百貨店へ出かける人の数が減少しました。ゆえに百貨店の存在価値は、後退してしまったのでしょうか。

事実、そうではないと考えます。その根拠として、学生の立場から百貨店利用の動機は、大事な人への贈り物や、少し贅沢がしたいと思う条件が整った時にあります。年齢を問わない場所であり、それを満たすために買い物をする人は多いように思えます。百貨店の利用の目的は、誕生日プレゼントなど特別なものを子どもが親におねだりする時や、フレンドリーな友人への贈り物する時など重要な場面に多いです。そこには、「親と子のコミュニケーション」や「友人どうしのコミュニケーション」の可能な空間が存在します。それがデパートの重要性の一つであるのではないでしょうか。

〈百貨店選択の基準と存在価値〉

さらに、値段の安さを選択基準とする人だけではありません。安全・安心を求める人は百貨店に足を運び、「百貨店だから大丈夫、間違いない」と思わせる信頼感が付加価値となり、商品購入の動機となります。また、百貨店はファストファッションにはない商品のクオリティ・高級感を実現していて、食品部門においてもファストフードにはないプレミア感を提供しています。一般的に、百貨店はアルバイトを大量に雇う量販店とは違い、従業員一人ひとりに教育が行き届き、百貨店ならではの上質なサービスを提供しているイメージがあります。

百貨店のもっとも重要な機能は、その地域における存在価値です。その街の老舗として同じ場所に立地している百貨店は、街の中心として地域内の人びとの交流の場となり、コミュニティ形成をサポートしています。各種イベント（催事）の開催やトレンドの提供は重要な役割となっています。報告3で詳細が論じられる中町モールでのコラボ企画や店内でのイベント、漫画や特撮、タレント・スターの写真展など既存の地方百貨店とは少し異なる文化展を増やし、いままでの固定客層プラスあらたな客層を取り入れ、百貨店から街全体の活性化は可能と考えます。それについては、後半の「大学生調査報告、地方都市の百貨店に必要なもの」として、触れる予定です。

あらためて百貨店は、質の良いものを売っていて、品ぞろえがよく、サービスが良く、フード（惣菜）が美味しいという基本は変わりません。ゆえに百貨店には広い世代の人びとが集える条件はそろっています。ただ、百貨店で買い物をするということにプレミアムな要素があるのか、非日常的な空間だけなのか、デパートの存在価値そのものを問うことは、いま直面している課題をどのように処理するかという連続的な問題への対応も再考すべきことになります。二〇〇九年調査にもあったように、地方都市の百貨店には、老舗百貨店の機能とファッション・トレンド的空間のバランスを求めることが不可欠だということです(16)。

以上で報告1を終了いたします。ありがとうございました。

---

(16) 百貨店とファッションビルやセレクトショップのような店舗運営。

3　地方都市のファッション・トレンド再構成―デパートのブランド別カテゴリー―

司会　報告ありがとうございました。続きまして報告2、「地方都市のファッション・トレンド再構成―デパートのブランド別カテゴリー―」です。報告よろしくお願いします。

報告2(17)　本日はよろしくお願いいたします。報告2は、「地方都市のファッション・トレンド再構―デパートのブランド別カテゴリー―」をテーマにした内容です。

〈**地方都市の百貨店機能**〉

一般にデパートに置いてある服といえば、二〇代後半以上をメインターゲットにしたものか、幼児・子ども服が多く、一〇代〜二〇代前半の若者が好むようなものは少ないと感じます。デパートの性格上、ファッションビルに揃えているような商品のあつかいは少し不向きかもしれません。それはファッションビルやセレクトショップなどの店舗が数多く集中している大都市特有の環境での、既存の百貨店スタイルは十分に理解できます。しかし、地方都市の百貨店では、そうしたファッション店舗は少なく、むしろ通常百貨店ではあつかいにくい、若者向けのブランドを取り入れることも必要だと考えます。

ファッション・ターゲットを考える場合、その地域の階層構造、つまり消費対象者のバランスをみなくてはなりません。酒田市の階層構造をみるには、酒田市居住者の年齢構成、社会的属性、帰属による先有傾向を正確に知ることです。二〇〇〇年代に入り、酒田市民のもっとも多い年齢層は、およそ三〇歳から四九歳までです。全体の二六%前後を占めていますつぎは五〇歳から六四歳までの二二〜二三%であり、若者と呼ばれる一五歳〜二九歳まで

(17)　担当は社会学科4年、久保麻亜紗。

は一五%程度といえます。酒田市で積極的な消費行動が可能なのは、三〇歳以上のミドル世代であるといえます(18)。

〈ファッション・トレンド傾向〉

今日のファッション・トレンドの傾向は「大人カワイイ」です。女性誌売上ナンバー1である『ｓｗｅｅｔ』の読者層は、主に二〇代後半から三〇代初頭に設定してありますが、最近は大学生の読者も多くいます(19)。この読者層と共通する、もう一方に注目してみたいと思います。大都市と地方都市の百貨店を比較し、単純に人がいないという判断で処理するということはあまり意味をなさないと思います(20)。地方都市に住む消費者意識に沿った対応が必要と考えます。

そこで、地方百貨店としての清水屋を集中的に検証することからはじめました。ゼミ予備調査のユニット別検証結果が、他のユニットと共通したのが、商品の配置方法でした。一つの棚に違うブランドの商品がいくつも置いてあれば、それはスーパーやショッピングセンターとあまり変わらないものになってしまいます。そこで、若者向け商品をあつかっている店舗は、できるだけブランドごとにグルーピングするべきだという意見が多数あがりました。百貨店で服を買うということの意味、特別な演出という消費選択に合わせ、可能な限りブランドごとに商品を構える形態がもっとも好ましいと感じました。

一般にデパートは、マルイなどのファッションビルに比べると、商品の高級感は顕著であるものの、トレンドの部分ではファッションビルのようにあまり重視していない店舗が多いように思います。とくに若者はトレンドを重視するので、ショップとしては流行をうまく受け入れながら質の高いブランド品をあつかうことが大事になってくるのではないでしょうか。

---

(18) 仲川秀樹(二〇〇五年)、前掲書、二五九ページ。

(19) 読者層は、二〇代後半から三〇代だったが、雑誌の低年齢化傾向が浸透した。

(20) 目的別消費行動によって正確な動向をみる必要。

ただ、空間デザインなどは、若者受けを狙ってしまうと安っぽくなってしまい、百貨店の良さをつぶしてしまう可能性もあります。フロアごとの空間レイアウトは、高級感があり、メインの客層が気持ちよく買い物できるバランスある雰囲気を維持できればいいのですが、清水屋店内の店舗ごとで、空間デザインなどにかなりの温度差があることも感じました。メーカー直営とそうでない場合と状況は異なるでしょうが、百貨店としてのバランスを考える必要はあると思います。

〈百貨店とSCの相違と誤解〉

つぎに、百貨店とSCの相違と誤解についてです。ファッション・ターゲットから検証します。まず、地方都市の百貨店とSCの相違と誤解です。大都市と地方都市の百貨店を同次元にみてはいけないということは指摘したとおりです。ところが、人がいるかいないかという基準ですべてを判断する危険性をもつのが百貨店とSCの関係性です。プレ報告でも論じられたように、百貨店（デパート）は「目的をもち」出かけ、SCは「とりあえず空間」として出かけることが多いことです。[21] これを単純に来客数に該当すると、売上高の違いは明白です。百貨店とSCを競争させる（という見方）こと自体が、正確な論点をずらしていることになりかねません。

酒田市のSC状況を予備調査でグループごとに分析したところ、やはり東京のSCとの違いが多く見受けられました。酒田市周辺のSCは、郊外型店舗が主流です。若者の集まりは、清水屋と比較できないほどです。その理由は、ファストフード中心の集客能力とエンタテイメント施設の充実です。一日SCで遊べるほどの見事な設備です。ところがその反面、ファッションから探ってみると意外に店内は、混乱している要素が多く見受けられました。

---

(21) プレ報告参照。

地方都市にあるSCには、専門店として、「東京にある」ようなおしゃれなブランドを取り揃えているかというと、そうでもありませんでした。他のユニットからの指摘にもあるように、SCには意外とおしゃれなファッション類（ブランド）は取り揃えられていません。カテゴリーに混乱があるようです。これは百貨店との確実な違いでした。

百貨店はその特徴から高級ブランドも取り入れやすく、十分な品揃えがありながらも、それが若者層に沿った商品でないと、売り上げに影響するのでしょう。百貨店とSCの集客能力の差として売り上げ事実のみが短絡的に受けとめられる所以です。ここにある種の誤解が生じ、何が問題かの論点が定まらないと考えられます。

〈ファッション・トレンド再構成〉

最後に、清水屋のファッション・トレンドについて述べさせていただきます。東京にある百貨店をスライドさせる意味ではありません。一般にファッション関係の店舗は、きちんとブランド別で運営されることが基本です。ところが清水屋では、ブランドが混在しているのを一部店舗で見受けられました。とくに、カジュアル系ファッションのブランドは、1Fフロアの一角にまとめて置いてあり、ブランドも混在していました。まるで、売りつくしセールのようなあつかいでカゴに積んである服も多くありました。カジュアル系といっても、今日のファッション・カテゴリーで用いる意味とは異なる配置です。(22)

「百貨店のイメージからはかけ離れていた」。この疑問は、はじめて清水屋を訪れた人には強く映るかもしれません。しかし、それが当たり前の感覚になってしまい、スーパーのようでもあり、百貨店であるというプライドが薄れてしまい、悪循環になっているようにさえ感じました。ちなみに、中高生を見かけたのはこの1Fフロアだけであり、服ではなく雑貨ブ

---

(22) ファッション・トレンドの見直し。

ランドを探していました。逆にいえば、1Fカジュアルと2Fヤングカジュアルブランドとの差別化を図ることで、中高生にはわかりやすい選択になる可能性も感じました。

二〇〇九年高校生調査結果をみても、酒田の若者は雑誌もよく読み、ファッション受容度も高いです。清水屋のファッション・カテゴリーのひと工夫によって、若者をターゲットにすることは難しいことではありません。清水屋に入っている多くのファッションブランドがミセス・ブランドです。そこに、109的ブランドとの一部並列で、あらたなコミュニケーション空間が確立される条件も整うのではないでしょうか。

以上で報告2を終了させていただきます。ありがとうございました。

4 百貨店のオリジナルはエンタテインメント—デパイチ（フード）、デパ前（モール移動店舗）—

司会 報告ありがとうございました。続きまして報告3、「百貨店のオリジナルはエンタテインメント—デパイチ（フード）、デパ前（モール移動ショップ）—」です。よろしくお願いします。

報告2(23) 本日はよろしくお願いします。報告3は、「百貨店のオリジナルはエンタテインメント—デパイチ（フード）、デパ前（モール移動ショップ）—」をテーマにしました。

〈「メディア文化の街」「食文化の街」を最大限表現する場所〉

清水屋を訪れてみて、どうしても東京と比較するせいか、やはり人が少なく活気がないと感じてしまいました。大都市と比較して地方都市をみることでは何の問題解決にもならないという社会学の前提があるにもかかわらず、ビジュアル的にそう認知してしまったようです。

(23) 担当は社会学科4年、駒松依子。

しかし本報告では、社会学の視点で酒田の街の本質を考えていきたいと思います。酒田の街を「メディア文化の街」「食文化の街」である立場をもちながら、百貨店問題を考える必要に駆られました。それが百貨店のオリジナルとしてのエンタテインメントに結びつけることです。百貨店のオリジナルであるエンタテインメント性を重視する取り組みといっても、現実的に実現可能なイベント、それもただ開催するのではありません。人を集めるということには、人に愛してもらう街にすることを前提として開催してもらいたいということです。中町を愛し、中心市街地に楽しみを覚える、ゼミの先輩たちがはじめて酒田を訪れ、フィールドワークを開始した八年前の二〇〇三年当時と、その想いは変わっていません。

〈デパ前（中町モール）との連動イベント〉

安全で安心なコンパクトシティを象徴するエリアが中町モールです。人が自由に集い、歩けるセーフティゾーン、その重要性は過去の調査結果でも明らかでした(24)。予備調査中も、清水屋から卜一屋（地元スーパー）へ移動し、買い物をする高齢の方々を多数見かけました。時々立ち止まり、ローカル・コミュニケーションに浸る人も多かったです。その中町モールとの連動イベントは、週末を利用する移動店舗（モール移動ショップ）というスタイルのアイデアをいくつか考えたいと思います。実際、このモールは、酒田四大まつり(25)や各種イベントでなくてはならない場所です。その場所をさらに活用し、それを毎週ごとに実施するイベントです。

一つ目は、街やトピックに関するイベントです。たとえば、「〇〇デー」というコピーを用い、移動ショッピングカーを何台か乗り入れ、そこで関連商品の販売をおこない、中町や清水屋を訪れた人、たまたま通りかかった人などが立ち寄ることができるものです。普段、

(24) 二〇〇三年から継続して「中町モール」の安全性は中心市街地に不可欠。

(25) 酒田まつり、酒田港まつり、どんしゃんまつり、日本海寒鱈まつり。

中心市街地や地元で入手の難しい商品を手軽に購入できることは大きな魅力で、集客効果も狙えると思います。「○○の部分」は、さまざまな世代の人に興味をもってもらえるように、「原宿デー」「渋谷デー」「巣鴨デー」「新大久保デー」そして「アキバ（秋葉原）デー」から「109デー」でもいいと思います。全国的にも有名な街、ブームになっている街に関連するモデルや商品を提供することで、話題性ある企画になるのではないでしょうか。街以外でも、商品カテゴリーにちなんだ「キャンディデー」や「お菓子デー」「アニメデー」でもいいと思います。

これまで、百貨店の何よりの強みは、「北海道展」「京都展」など物産展の開催にありました。毎年それを楽しみにしている人も多いと思います。百貨店も、中町モールでの「○○デー」に合わせた服や商品の販売、展示を新規におこなうことで、両方で連動した企画となり、中町商店街を目的に出かける条件をつくることになります。「巣鴨デー」や「浅草デー」などでは、高齢者の方々に心からその街を楽しんでもらえるように、物産展とは一味違った実践的なイベントになるであろうと思います。

二つ目は、年齢別イベントの開催です。高校生調査結果に証明されたとおり、酒田の中高生たちにとって渋谷や原宿などの街は大きなあこがれの対象となっています。それゆえに、「原宿デー」や「渋谷デー」などを企画することで、若い世代がモールに足を運んでくれるのではないかと考えました。年齢が多方面にわたるものにするために、○○の部分に世界の地名や国名を入れ、「ヨーロッパデー」や「アジアデー」など、さまざまな国や地域の文化をあらゆる面から楽しむことができるイベントにすると面白いと思います。

移動店舗の屋台では各国の食べ物を味わえ、また清水屋においてその国や地域の名産品や民族衣装などが購入できるなど、まさに非日常を楽しめるイベントになるのではないでしょうか。出店が不可能な商品に関しては、カタログ通販制度を利用して（スリーンに映し出して）リアル感を出すことも実現可能な方法になると思います。これらは、親と子・友人・カップル、それぞれの空間を演出する場所の構築になると考えます。

〈デパイチ（フード）〉

さらに、デパートの内部にも目を向けてみたいと思います。各階のホールを念頭におき、店内の活用方法は「食」という面からいくと、やはりレストランやカフェテリアなどがあげられます。たとえば、晴れた日のお昼には「青空レストラン」、夜には「夜空レストラン」として、〝鳥海山のみえる日〟は、〝モールのイルミネーションを夜空に〟といった、店内のロケーションを考えたイベントをおこなうと良いと思います。常設の料理に加え、定期的に変わる海外の料理などもあると、お客さんも喜ぶのではないでしょうか。酒田は「食文化の街」であり、食材も豊富です。百貨店だからこそ味わえる料理を提供できればいいと思います。大学生調査結果にはそうした事例も多く、詳細はそちらでも報告される予定です。

また、中町モールでの縁日まつりや各種おまつりの内容を再考し、街の人、とくに子どもやお年寄りが参加しやすいイベントにすることです。既存のテント実演販売などのメニューもワンパターンが多く、マンネリを打破し、欲求が満たされる内容を再検討することも大事だと思います。親と子のコミュニケーションを深める空間になるよう、子どもたちが喜び、大人も出かけたい〝ウリ〟を用意することが重要だと思います。

一般に「食」は、人びとにとって関心も高く、集客力を見込めるテーマです。百貨店ならではの各種物産展には、付加価値をともなない、百貨店の大きな魅力になっています。年間をとおして継続されるもの以外に、テーマ性をさらに明確にして開催すれば、より多くの人に興味をもってもらえるのではないでしょうか。「京都展」や「北海道展」を年間の大きな柱にし、最近はじまった「全国スイーツ展」「うまいものまつり」にプラス「お取り寄せグルメ展」、「全国珍味展」などといった一つのカテゴリーにこだわった物産展を開くのも面白いと思います。

清水屋は最近この傾向が増加していて、地元の方がかなり好感を抱いていることをよく聴きました。ふだん酒田ではなかなか食べられない、全国から集まったありとあらゆる味覚を多くの人に楽しんでもらえると思います。近年の清水屋の取り組みは、こうした方向性に立ってきているので、それをより充実させて欲しいと思います。

多くの「メディア文化」と「食文化」を生み出してきた酒田の街、中心市街地に位置し、シンボルであるデパート清水屋には、酒田の「メディア文化」の発信源、「食文化」の象徴としてその役割を担う責任、郊外型にはできない文化を守る責任があると思います。

〈エンタテインメント〉

酒田は、アイドルグループ「ＳＨＩＰ」誕生の地でもあり、音楽文化が活発であるのは各種関連イベントの多さにもあらわれています。その音楽イベントをさらに進化させることで、多くの集客が見込めると思います。(26)

中心市街地の中町商店街は、「ＳＨＩＰ」というアイドルプロジェクトの活動した、「メディア文化の街」です。音楽文化に関心ある自分自身としては、かつての「ＳＨＩＰ」に続くあらたなアイドルプロジェクトを立ち上げて、中町全体を活性化させてもらいたい。全国的にも有名な「ＡＫＢ48」が、秋葉原ドン・キホーテの８Ｆに専用劇場を設け、そこをホー

(26) メディア文化的な音楽イベントの開催。

ムグラウンドとして連日公演をおこない、着実にファンを増やしていったように、中町にもそのような活動場所、ステージを清水屋につくってもらいたい。毎週ライブやイベントをおこなうというのは、大変興味深いと思います。何よりも酒田発のアイドルが活動する上でホームグラウンドとするにふさわしい場所は、酒田のシンボル的存在である清水屋しか考えられないと感じました。そして、その模様をインターネットで動画配信するなど、全国に発信することで日本中または世界中にファンをつくることができると考えます。

過去に「ＳＨＩＰ」というアイドルを発信させているので、ふたたび成功する可能性は大いにあると考えました。ステージを目的に清水屋に多くのファンが来るということは、全国から多くの人が清水屋に集まるということなので、清水屋という存在が全国的にも有名になり、地域の活性化につながります。また、地元の人びとにとっても、その存在価値を再認識する機会になるでしょう。さまざまな困難が多いプロジェクトであるとは思いますが、このプロジェクトによって清水屋だけでなく酒田の街全体のエンタテインメント性を高めることができるでしょう。

百貨店とエンタテインメントの関係は歴史がものがたっています。多彩なジャンルで催事がおこなわれること自体、百貨店はエンタテインメントの宝庫でもあるのではないでしょうか。酒田の街、中心市街地、メディア文化の街として、社会学的に認知されてきた街。この事実をもう一度原点から探り、エンタテインメント空間の構築に力を注いで欲しいと思います。(27)

---

(27) 百貨店イベントに内在している娯楽性に注目。

〈いまできるプロジェクト〉

最後に、いまできることについて述べさせていただきます。百貨店のイベントとひと言で申し上げても、簡単なことではないと思います。ゆえに、ワーキンググループをつくり、そこで実現可能なプロジェクトを企画し、立ち上げていく必要があると思います。清水屋店内でいますぐ可能なプロジェクト、第一報告から第三報告までの内容からも決して困難なものばかりではないと思います。ターゲットを明確にしながら、毎回、企画を続けていく必要があると思います。

エンタテインメントとは娯楽性の高い文化であり、そのモデルを消費する楽しみが存在しています。デパートとは、百貨店とは、そうした娯楽性の高い文化を消費する場所であることを再認識し、社会の流れが変化したいま、そのいまに対応したシステムを構築し、清水屋のオリジナル性を出していくこと。それにつきると思います。

本シンポジウム後半に予定している、「百貨店のトピックに関する大学生調査―地方都市の百貨店に必要なもの―」では、より具体的な内容にふみ込みたいと思います。

以上で報告3を終わります。ありがとうございました。

第2節　リプライ・フロア

1　報告者による討論者への回答

司会　報告ありがとうございます。以上でプレおよび三報告を終了させていただきます。これより、報告内容について討論者との質疑へと進めていきたいと思います。フロアの皆様からのご質問等は、また後ほどお時間を設けさせていただきます。よろしくお願いいたします。

司会　それではまず、報告1、「中心市街地シンボルのゆくえ―百貨店（デパート）の存在価値―」に関して、コメントをお願いいします。

〈清水屋のファッション戦略〉

討論1(28)　こんにちは。それでは質問させていただきます。よろしくお願いいたします。

では、報告1に関してです。「百貨店の変化と重要性」のなかに、百貨店はファストファッションにはない商品のクオリティ・高級感を実現していて、食品部門においてもファストフードにはないプレミア感を提供している、とありました。また報告において、都内の百貨店と地方都市の百貨店には違いがあることを理解しました。

そこで一つ具体例をあげますが、二〇一〇年、銀座松坂屋に、ファストファッションブランドである「FOREVER21」が、はじめて参入し、大きな話題を呼びました(29)。「ハイブランドやラグジュアリーブランドの専門が百貨店である」というイメージによって、都内の

(28)　担当は社会学科3年、石井里奈。

(29)　銀座にファストファッション進出による別次元の反応。

百貨店をめぐる環境も変化してきているのではないかと感じています。都内の百貨店ですら経営難が叫ばれて変化してきている昨今、地方都市の百貨店業界、具体的に清水屋においても、ファッション・ブランドのバランスなど将来像についてどうあるべきか、あらためてお聞きしたいと思います。お願いいたします。

司会　ただいまの質問に関しては報告1で、よろしくお願いいたします。

〈世代別ファッションを考える〉

報告1　ご質問ありがとうございます。では答えさせていただきます。

討論者の説明にあったように、銀座松坂屋に「FOREVER21」などが参入されたことは、いままでの百貨店にはない魅力的な発想であったと思います。確かに、東京には全国から若者が集まり、その数も膨大です。最近は銀座にも若者が多く集まるようになり、「FOREVER21」などファストファッションも求められるようになりました。しかし、地方の中心市街地に位置する清水屋にあてはめてみますと、三〇代から四〇代のミドル世代が中心、また高齢者の方々も多く集まる百貨店です。ゆえに「ユニクロ」などさまざまな年代の方々が利用できるような、そして親と子や友人どうしが楽しく利用できるような、店舗展開が清水屋にはあってもいいかなとも考えています。以上です。

司会　ありがとうございます。ただいまの報告1の回答に関しまして、いかがでしょうか。

討論1　ありがとうございます。実際、私も「ユニクロ」や「ZARA」といったようなファストファッションブランドのお店に、親子で出かける機会が多いです。広い世代に受け入れやすい、好まれやすいブランドの参入があるのはとても良いことなのではないでしょうか。ありがとうございました。

司会　それでは、つぎに報告2、「地方都市のファッション・トレンド再構成－デパートのブランド別カテゴリー－」に関して、コメントよろしくお願いいたします。

〈清水屋のフロアデザイン〉

討論2(30)　こんにちは。よろしくお願いいたします。

それでは報告2について質問させていただきます。清水屋デパートのファッション・トレンド再構成の報告部分で、ここでは1Fのフロアがまるで売りつくしセールのようなあつかいでカゴに積んである服がある、とありました。私も、はじめて清水屋を訪れた際、1Fのフロアで最初に目についたのが「SALE」と書かれた安っぽい貼り紙だったのですね。1Fのフロアというのは、清水屋にとって第一印象につながる場所だと思っています。それがいまのような現状では、清水屋に求める高級感というものが半減しているように感じました。それをふまえて実際にフロアの空間デザインについてどのようにするべきだと考えますか。

司会　いまの質問について、よろしくお願いいたします。

報告2　はい、答えさせていただきます。先ほどの報告のなかでも述べさせていただきましたように、空間デザインは若者受けを狙ってしまうと安っぽくなってしまうことも多々あります。百貨店のイメージダウンにつながりかねないというリスクもあり、やはりメインの客層の方が気持ちよく買い物できる雰囲気をつくることがいいかなと思いました(31)。

実際にエントランスから入ってすぐのところで感じたのは、照明の強弱があまりなかったことです。また、もっとショーケースの展示が必要かと感じました。フロアデザインや雰囲気といったものは、一つに固定せず、短期間でどんどんデザインを変えていくことも、お客さまにとっては刺激的で良いのではないでしょうか。東京のファッションビルなどはそうい

---

(30)　担当は社会学科3年、木村ミサ。

(31)　スタンダードな高級感志向。

うことが多くあると思います。内装デザインなども刺激のあるようなものに変えて、お客さんが入りたくなるような雰囲気づくりも大切なのではないか考えました。

司会 ありがとうございます。ただいまの回答に関しまして、いかがでしたでしょうか。

〈ファッション・ターゲットは〉

討論2 確かに私もそう思います。それでは、報告2にあった「デパートのファッション・ターゲット」のところで、今日のファッション・トレンドの傾向は「大人カワイイ」のような『sweet』の読者層にあるスタイルで、最近は大学生の読者も多い、と述べられていました。酒田市の清水屋では、たとえば、大学生層に向けて具体的にどういった対応をしたらいいと思いますか。

司会 いまの質問について、よろしくお願いいたします。

報告2 はい、答えさせていただきます。現役の大学生として、自分自身がどのように買い物をするかを考えた時、やはりマネキンが着ているものとか好きなモデルさんが着ている服というのは魅力的に感じます。店舗にそのブランドが掲載されている雑誌を開いて置いておくことや、マネキンをたくさん置いて、よりイメージしやすくしておくことが商品選択の動機になると思います。以上です。

司会 ありがとうございます。ただいまの回答に関しまして、いかがでしたでしょうか。

討論2 ありがとうございました。確かに、酒田の若者たちは雑誌をよく読んでいる結果が出ていますので、そういったディスプレイ方法はとても興味深いと思いました。ありがとうございました。

司会 それでは、つぎに報告3、「百貨店のオリジナルはエンタテインメントーデパイチ（フード）、デパ前（モール移動ショップ）ー」に対しての討論を、よろしくお願いいたします。

〈百貨店は地域文化を守る〉

討論3(32)　よろしくお願いいたします。

質問が二つあります。第一は、デパイチ（フード）のところです。清水屋には郊外型ＳＣにはできない地域文化を守る責任もあるとあります。たとえば、物産展などのイベントは食に豊富な街である酒田を表現するに適したイベントだと思います。しかし、物産展などのイベントは東京などでも多く開かれています。そこで、同じ物産展の開催にあたり、清水屋ならではのイベントとして何か工夫をしてみてはと思うのですが、よい考えはありますでしょうか。

司会　いまの質問につきまして、回答をよろしくお願いします。

報告3　はい、お答えします。先ほどの報告において、移動店舗を用いた中町モールとの連動イベントについて述べさせていただきました。そのイベントはふだん中心市街地にないめずらしい商品などを手軽に消費できることが大きな魅力で、集客効果が狙えると思います。この移動店舗のオリジナル商品に関しては、報告3の資料にまとめさせていただきましたので、そちらをご覧下さい。

「〇〇デー」といった企画にすることで、さまざまな世代の人に興味をもってもらえるイベントになると思います。やはり、若者には東京の渋谷や原宿といった街が人気なので、109をテーマにした「109デー」などは、若者に楽しんでもらえるイベントになると思います。お年寄りの方にとって「巣鴨デー」や「浅草デー」などは、物産展とは一味違った実践的なイベントとして楽しんでもらえるのではないでしょうか。これが清水屋独自のイベントになると考えます。

---

(32) 担当は社会学科3年、今井菜々子。

〈報告3資料　移動店舗（ショップ）オリジナル商品〉

○二〇〇九年酒田市内高校生調査（人気の街順）
渋谷、原宿、お台場、秋葉原、新宿、上野・浅草、池袋、六本木、吉祥寺、銀座、中野、
その他（東京タワー、東京ドーム、国会議事堂など）

○二〇〇九年酒田市内高校生・大学生のおしゃれとカワイイモデル（酒田Ｖｅｒ．）
獅子頭、刈屋ナシ、白鳥、モアレ

○実現可能移動店舗・移動フロア
渋谷ｄａｙ（１０９モデルブランド商品）
原宿ｄａｙ（ブランドモデル商品カタログ）
お台場ｄａｙ（テレビ、エンタテインメント関連グッズ）
秋葉原ｄａｙ（アイドルショー、コスプレショー、フィギア、アイドルグッズ）
新宿ｄａｙ（首都関連資料、都庁グッズ、繁華街情報）
上野、浅草ｄａｙ（定番伝統関連商品）
巣鴨ｄａｙ（巣鴨商店街関連商品）
池袋ｄａｙ（アニメ、餃子）
六本木ｄａｙ（高級雑誌カタログ、アルコール、スイーツ）
吉祥寺ｄａｙ（吉祥寺モデル）
銀座ｄａｙ（大人、老舗、デパートオリジナル商品）
中野ｄａｙ（中野マップ、サブカルチャー、エンタテインメント関連商品）
酒田中町ｄａｙ（フード特集）

○移動店舗対象商品
１０９モデルブランド商品、女性誌モデルブランド商品、女性誌バックナンバー、アイドル・タレントグッズ、地域マップ、サブカルチャー商品、プラモデル、カラオケステージ、コスプレステージ、屋台（カレー・餃子）、屋台（ケーキ・デザート）、中町フードコーナー（中町店舗オリジナルのテイクアウト）

○酒田キャラクターモデル
キャラクター庄内米、キャラクター付き刈屋ナシ、キャラクター獅子頭、キャラクタージェラート（スイーツ）、キャラクタードリンク

司会　ありがとうございます。ただいまの回答に関しまして、いかがでしたでしょうか。

〈清水屋発の地方アイドルを〉

討論３　はい、とても素敵な考えだと思います。ありがとうございます。
では、第二の質問をさせていただきます。エンタテインメントの部分なのですが、酒田の街全体のエンタテインメント性を高めるためにも、清水屋をホームグラウンドとして活動するアイドルプロジェクトを立ち上げることを提案されていました。具体的には、どのようなアイドルグループをプロデュースし宣伝していくべきだと考えますか。

司会　いまの質問につきまして、よろしくお願いいたします。

報告３　はい、お答えします。私自身アイドルが大好きで、アイドルのファンでもあります。かつて酒田の中町商店街をホームタウンとして、「ＳＨＩＰ」というアイドルが全国的にファンを集めていたことを知りました。すごく興味深く感じています。ゼミの先輩が「ＳＨＩＰ」の活動をフィールドワークの対象にし、インタビューをさせてもらっていたりしたことを聞

いて、すごくうらやましく感じていました。
　いま、日本では「アイドル戦国時代」といわれているくらいアイドルがブームになっています。この勢いのなかで酒田からもあらたなアイドルを誕生させてもらいたいなと思っています。いま活動中のアイドルの良いところを取り入れつつ、やはり酒田発アイドルにしかない魅力を出して欲しいと思います。(33) ＡＫＢ48のように活動拠点を一つの場所に置くことは、その場所に帰ってくるということです。清水屋をホームタウンにすることで、清水屋に多くの人びとが集まって、街全体で盛り上げていこうという環境が形成されます。清水屋を活動拠点にした地方アイドルを誕生させて欲しいと思いました。
　また、地方の百貨店をホームタウンにした地方アイドルはいません。これが全国ではじめての百貨店オリジナルの酒田発アイドルとならば、他のアイドルにはない大きな魅力になるのではないでしょうか。以上です。

司会　ただいまの回答に関しまして、いかがでしたでしょうか。

討論3　ありがとうございます。本当に清水屋は、酒田の中心市街地にあります。そこでアイドルが誕生すれば、あらたな活気が出るのではないかと思います。とても興味深いプロジェクト企画です。実現して欲しいと思います。

〈ファッション空間を考える〉

司会　ありがとうございました。ここまでの報告1から3までを、報告者と討論者のあいだでのやりとりでした。少し時間がありますので、ここで各担当のテーマ以外にも意見がございましたらお願いいたします。
　先ほど、討論1は、報告1の方に対してでしたがそれに関連して、報告2のファッション

(33)　例えば、「清水屋発アイドル」のプロデュース企画。

などについて感想などはありましたか。

討論1　はい。自分のことになるのですが、東京のファストファッションブランドでアルバイトの経験があります。そのために百貨店の空間デザインに関してとても興味があります。その視点でファッションコーナーや洋服売場をみると、大学生や若い人たちは洋服だけではなく、家具とか装飾品などトータルでブランドという見方をしています。その空間デザインは完璧なほど、魅力を感じるようでした。

清水屋に置き換えると、具体的には、「ＥＡＳＴＢＯＹ」はとても分かりやすかったと思います。商品をみても、「あ、こういうブランド何だな」というように明確でした(34)。このレイアウトはよい印象を受けると思います。先ほども申し上げましたが、ブランドが混在していると、やはり見ていて分かりづらいという印象を受けます。空間デザインとつなげてみても分かりやすいということはとても魅力を感じることだと思いました。

司会　ありがとうございます。そのアルバイト先の内装というのは、どのような感じになっていましたか。

討論1　大型店だったので、地下から地上４〜５Ｆくらいまでありました。それが六週間に一回、フロアセットといって内装も置いてある洋服もすべて一新します。そうしたファストファッション店だったので、流行のものが速いスパンでつぎつぎ用意されるので、それはすごく刺激的でした。

司会　六週間に一度というのはスピーディですね。その変化は、同じお店に何度出かけても楽しいと思います。貴重な意見をありがとうございます。他に何か聞いてみたいことがある討論者の方はいらっしゃいますか。

---

(34)　ファッション・ブランドの明確な配置は不可欠。

〈モール移動店舗の内容〉

司会　それでは司会者からですが、先ほど気になったのは、報告3の移動店舗の紹介で「新大久保デー」や「原宿デー」などたくさん名前があがっていたところです。そのなかではどのようなものをあつかうと面白いと考えますか。

報告3　やはり、「原宿デー」や「渋谷デー」となると、原宿や渋谷で流行っている服とか若者に人気のブランドの雑貨などになると思います。酒田では買えないような〝おしゃれ〟なものをあつかうのがよいと思います。「新大久保デー」については、いま新大久保は韓流の街といわれていて、韓国芸能人のグッズなどがたくさん売っています。新大久保にある韓流やK-POPのグッズを移動店舗などで販売すれば、遠くからも関心のあるお客さんが訪れると思います。

司会　ありがとうございました。確かに韓国などは最近若者たちのあいだでもすごく人気があります。面白いアイデアだと思います。ありがとうございました。

2　学生とフロアのインタラクション

司会　それでは、シンポジウムも後半に入ります。ただいまよりフロアの方へ移らせていただきます。ここでは、本日ご出席いただいた皆さまからのご意見やご質問を交えて進めさせていただきたいと思います。これまでの報告、討論、それ以外でも何かございましたらお願いいたします。

〈中町モール連動イベント〉

フロア1　はじめまして。報告3のなかで、デパ前（中町モール）との連動イベントというご提案がありました。皆さまご承知ではないかと思いますけれども、来週、「バイさかたキャンペーン」というイベントを開催します。これは、昨年度から「農商工連携バイさかたキャンペーン」として取り組んでおります。(35) 農産物だと地産地消という言葉がありますけれども、工業や商業の分野でも地産地消を進めましょうというキャンペーンです。二年目になる今年は、やはり市民の皆さんにPRしていこうということで、七月に第一回のイベントを開催しました。農産物・水産物はもちろん、魚介類を使ったご当地バーガーや酒田ラーメン、米粉を使った商品などを販売しました。

この企画には、事業者の皆さまも個別には取り組んでいるのですけれども、なかなか力を合わせることが難しく、イベントで一緒に集まることになれば、マスコミも取り上げてくれるのではないかと努力しております。来週もまたやります。「CHANNEL－i」というダンスプロジェクトにも出演していただきます。かなり上手なお子さん方で、ディズニーのオーディションに合格したような地位ももっています。こういった取り組みもやっていますので、ご承知おきいただければと思います。

司会　ありがとうございました。いまのイベント企画に関して、よろしくお願いいたします。

報告3　貴重なご意見ありがとうございました。地産地消をテーマとしたイベントは、とても興味深い内容だと思いました。私も地方の出身でありますので、地域でとれたものを地域で消費するという考えはとても大切だと思いました。ありがとうございました。

司会　それではつぎのご質問をどうぞ。

---

(35) 酒田市や商工会議所が中心となり、地元産の魅力を発信、地産地消を推進する行事。中町モールや清水屋を会場に開催している。

〈中心市街地の位置づけとは〉

フロア2　市内のここから五分くらいのところに住んでおります。共通テーマである「中心市街地シンボルのゆくえ」とありますが、私の考えでは、ここはもう中心市街地ではありえないと。中心市街地はもう他の地域に奪われていると思っているのですけれども。皆さん、酒田には住んでいなくて、今回、このためにいらっしゃった学生さんなので、ここが酒田の中心市街地と思われたのでしょうか。誰か一人でいいですので、お答えいただければ嬉しいなと思います。

司会　ご質問ありがとうございます。ただいまの質問において、中心市街地を私たちがどうとらえているかということでした。私たちのゼミでは、二〇〇三年から毎年酒田を訪れ、調査を実施しております。担当教員は酒田市内出身で、毎月、酒田の状況と情報は伺っております。ゼミの先輩たちから酒田の歴史や文化を受け継ぎ、映像や資料などで検証を続けております。数年前には、大学の学園祭に酒田中町商店街発アイドルグループ「ＳＨＩＰ」ライブステージも開催し、酒田の方々もたくさん駆けつけてくださいました(36)。

中心市街地に関する調査も実施、その報告書も何冊か発表しております。本日参加しているゼミ生は、皆二回以上酒田をみています。そのような過程を経て、今回のシンポジウムも企画いたしました。中心市街地といたしましては、その地域のなかでの共生機能、「行政機関や病院などの公共施設が完備、さらにスーパーマーケットや百貨店など日常生活が遂行可能な、商業の中心になっているエリアを中心市街地」ととらえております(37)。そういう意味で、私たちはここの中町を中心市街地と設定しております。

---

(36)　二〇〇四年一〇月三一日、日本大学桜麗祭ライブステージ。

(37)　コンパクトシティそのもの。

〈中心市街地と百貨店の結びつき〉

フロア2　その中心市街地と百貨店との結びつきは、何か弱いような感じがするのですが。

司会　ここ中町商店街が中心市街地ということで、そこに位置する百貨店の清水屋さんですね、通常、その地域における百貨店の位置づけは、その街のシンボルとして存在していると考えます。中町に出かけるといえば、百貨店という図式は、スタンダードな考え方だと思います。人が入るか入らないはまた別問題ですが。その意味で、清水屋さんをシンボルとして中心市街地がここに成り立っているととらえております。

フロア2　ご覧の通り、もうここ中町にはショッピング施設が全然ないし、シャッター通りですよね。半分以上がシャッターです。昔は、ここが一番の商店街として非常に栄えていまして、ここ清水屋の5Fも店がいっぱいあったし、屋上にも遊園地があり、非常に栄えていました。それがいまではこのように寂れているし、お客さんは少ない。それに比べれば、郊外のイオンショッピングなどは、車はいっぱいだし若者はいっぱいだし、ということです。そう思うと中心市街地は単なる市役所があるだけであって、それ以外のなにものでもないと。私は近くの者なのですが、そう思わざるを得ない。今日、日曜日だからどこに遊びに行こうかと思ったら、やはり清水屋よりも他の方に行ってしまう。そんな感じです。

司会　貴重なご意見ありがとうございました。そうですね。私たちのなかでも、やはり人が多い少ないというところでは、そう思わざるを得ないというところは確かにあると思います。ただ、人が集まるか集まらないかの基準で中心市街地規定という次元になるとまた別の議論になってしまいそうです。中心市街地の位置づけは先ほど社会学の視点から申しましたとおりです。今回のシンポジウムの趣旨は、コンパクトシティ構築には、百貨店の存在が重要であるという認識に立っております。どうかご理解いただければと思います。

百貨店の重要性というのは、酒田以外でも語られています。そういう意味で、かつてここ中町は大変な賑いをみせていたと先ほど言っておられました。いまは当時の面影が薄れているとは思います。それでも地元の方々の愛着はまだ残っていると思います。私たちのゼミの先輩たちも酒田を気に入り、中町のことをよく語ってくれました。その意味で、また清水屋さんを中心に、中心市街地として盛り上がっていけたらという思いも込めて研究を続けております。ありがとうございました。

司会　他に、何かご意見、ご質問などがある方はいらっしゃいますでしょうか。

〈百貨店の高級感とイメージ〉

フロア3　報告2への質問です。百貨店のイメージがかけ離れていたということで、残念ながら清水屋さんは報告者の目からはデパートのようでデパートではないといった感じにみえたかもしれません。お話の中で「高級感が必要だ」というお話があったかと思います。ただ、私からすれば、高級感を増してもあまり変わりはないかなと思います。理由としては、あまり高級感過ぎてもお客さんが入りにくくなるのではないかなということです。

私が高校生の時に、酒田駅前に大沼酒田店というデパートがありました。酒田には似合わないようなすごく高級感あふれるような店づくりで、高校生の私として入りにくかった雰囲気がありました。そこは後にダイエー酒田店になって、現在はパチンコ屋さんになっています。やはりお客さんが来なければ商売にならないと思います。そこは地域性を考えなければいけないかなというように思います。

司会　ご質問ありがとうございます。いまのご意見に関しまして、回答よろしくお願いいたします。

報告2　はい。ご質問ありがとうございます。私自身は東京で生まれ育って、デパートのイメージというものを高級感あるとかそういうふうに感じていました。やはり、酒田の方々が何か百貨店に目的をもって出かけるということは、それは友人どうしであったり、ご家族であったりしても、百貨店に私が抱いているような、何か高級感を求める何かがあるのは事実です。いまのご意見にあるように地元の方々からみたらそんな簡単なことではないということでした。それも研究の参考にさせていただきたいと思います。

司会　補足なのですが、先ほどの高級をめぐる問題に関連させて資料にも記載しましたが、バランスというものも確かに必要であると考えております。高級というだけではなく、やはり酒田の街の地域性ですとか、若い人よりも三〇代の方々が一番元気であるということなど、それらも考慮した上で考える必要があると思っております。

たとえば、エンタテインメントのところでいきますと「新大久保デー」などは若い人にも年上の方にも通用すると思います。若い方を対象として「渋谷デー」「原宿デー」などを考えておりますし、「巣鴨デー」など年配の方々も楽しめる、そういうものであれば一緒に楽しめるのではないかなと考えております。おっしゃる通り、バランスなどもとても大切な問題であると思っております。貴重なご意見、ありがとうございました。

司会　何名もの方から貴重なご意見やご質問などをいただき、大変ありがとうございました。とても参考になりましたので、今後いろいろ私どもも勉強させていただきたいと思います。

第3節　百貨店をめぐる大学生の声

1　大学生調査の中間報告概要

司会　それでは、つぎの「百貨店のトピックに関する大学生調査報告」の方に移らせていただきたいと思います。

まず、「大学生調査中間報告」に関しまして、概要を司会の方から説明させていただきます。この調査は、現時点で大学生六〇〇名を対象に実施したものから主要な回答を抜粋した中間報告であります。調査の前提といたしまして、山形県酒田市の地域性、地方都市の百貨店、マリーン5清水屋店の現状とロケーション、酒田市中町商店街の現状を踏まえての質的調査です。二〇〇九年高校生調査の結果を根拠に入れながら、回答を依頼いたしました。

調査票サンプルに関しましては、Aの「酒田市清水屋百貨店に必要なオリジナル」、Bの「百貨店のコミュニケーション空間・エンタテインメント企画」という二つの回答になっております。(38) 今回は中間報告ということで、Aの部分について報告をさせていただきます。それでは、Aの調査結果につきまして、特徴と全体の説明をよろしくお願いします。

調査報告1　よろしくお願いいたします。それでは、二〇一一年六月から七月にかけて実施した百貨店に関する大学生調査についての中間報告をさせていただきます。結果につきましては、ページ①から⑩までの間に記載しております。ここではそちらと併せて特徴的な部分や

(38) 本書、第3章第1節を参照。

傾向などについて報告させていただきたいと思います。それから資料で紹介している回答例は、学生本人が回答したままを記載しております。表記や文面で一部不十分なものもあるかと存じますが、直接結果に影響はありません。ご了承いただければと思います。

2 百貨店調査に関する総合的トピック

では、報告を進めさせていただきます。まず調査についてですが、酒田を知らない東京の大学生に、映像や資料などを使用し、酒田を知ってもらうことは大変なことでした。そのなかで、大変に興味深い回答や提案も得られました。順次紹介させていただきます。また、調査から得られた回答から総合的トピック、百貨店のシステム全般、空間づくり、百貨店グルメ、百貨店ファッション、イベント・アミューズメント、ご当地エンタテインメント企画、東京意識の八つのカテゴリーに分類することができました。このカテゴリー別に説明させていただきます。

まず、一の総合的トピックから紹介させていただきます。こちらの総合的トピックは、その中で①トピック、②コミュニケーションの二つに分類させていただきました。こちらのカテゴリーに関しましては、今回のシンポジウムと直接かかわってくる結果となりましたので、大変面白い回答が得られたと感じております。

〈百貨店に関する総合的トピック〉

資料の①トピックをご覧下さい。そのまま読み上げさせていただきます。具体的に学生から得られた回答として、たとえば、「デパイチの惣菜をビュッフェスタイルで味わえるシステム。最初にご飯かパンが盛られたプレートを用意し、フロアすべての店舗から自由に惣菜を選択してフロア内に設置されたテーブルで食事ができる。百貨店は、どうしても〝個々の店〟という性格があるので、たくさんの美味しそうな惣菜に囲まれている。その場で食事ができたら楽しい。」という意見があります。

また、「店内での買い物のみならず、建物・装飾などを楽しむ空間。なじみやすいデザインや装飾、冬ならイルミネーション、花壇。室内にいながら外を楽しむ。」という意見。「SCは日常的な空間、百貨店は特別な空間のような気がする。子どもの誕生日プレゼント、恋人の記念日に贈り物など。ロマンチックな空間としてプラネタリウムなどがあったとしたら、歩き疲れたらプラネタリウムで休憩というのも素敵。」という意見。

他にも「安心して座れる空間として、図書館兼書店、無料の美術館のような画廊、違った意味で広々座れるので良いのではないか。」「百貨店のイメージや質を落としたくなければ展覧会などを開き、併設してある飲食店などにアーティストを呼んでみる。百貨店に入る動機にもなる。」「外国の都市の文化との交流、イベント・出店・展示など。外国人を招待。参加型のサブカルチャーイベントも開催。アニメ・マンガ・コスプレなど若者が積極的に参加できる。隠れ家的な風変わりスポット、一角に江戸・エキゾチック・近未来など誰でも居座れるような多種多様な空間。」などがありました。

〈コミュニケーション〉

それでは、②コミュニケーションの回答を紹介したいと思います。

はじめに「月に二回、百貨店の商品を使用したファッションショーの開催。」「親が子どもに似合う服を選んであげる。」「友人どうしで相手の服を選んであげる。」「カップルはある部分をペアルックにしたデザインの服やアクセサリーを選んであげる。」「もっともよかったコーディネイトをしたお客さんには商品券をプレゼントする。お客さんと店員さんとのコミュニケーションの機会も増える。」という意見。

「月に一回、モデルになるオーディションの開催。清水屋の広告モデルになってもらう。」と「親と子のペアルックファッションショー。モデルに来店してもらい、読者モデルファッション講座を開講。」「百貨店内で撮影されたカップルの写真展など。」という意見。

「親子向け室内動物園。小さな穴があり、そこから専用のエサを与える。親と子のふれあいの場。」「友人どうし向けのバイキング形式の食事ができる料理店を開くなどすると会話がはずむ。」「恋人どうしの工芸体験教室、吹きガラスや陶芸も可。ペアグラスを作り二人だけの想い出づくりができる。」などの意見があがっております。

3　百貨店のシステム全般

それでは、つぎの「百貨店のシステム全般」について説明します。それと以下のカテゴリー内の具体例に関しましては、時間の都合もありますので、一部をピックアップしてご紹介させていただきたいと思います。

百貨店のシステムに関する意見からみていきます。最初に、「清水屋店内を若者向けフロアとミセス・中高年向けフロアに分ける。既存のフロアには、若者向けファッションビルである〝S・MALL〟(39)のような場をつくる。年齢層に応じた空間構築。」「地方都市によくある郊外の複合型ショッピングモールではなく、一〇〜二〇代に限定したファッション専門の

(39) 庄内地方鶴岡市駅前にある商業ビル。

ビル。雑貨やインテリア関係の店舗や書店など文化的ジャンルの配置を試みるが、服だけにとどまらない品ぞろえも可能。」というファッション全般の環境。

「若者が気軽に足を運べる。若者向けだからといって、クラブっぽい内装やハデなものにせず、小ぎれいで1Fなどのフードコーナー、軽食やスイーツ・アイスの店が入っていれば、学生だけでなく二〇代以上の人も出かけやすい。」「女性が気軽に出かけることができるような店にして欲しい。他の百貨店にあるような特色ある商品、たとえば香辛料などの販売。静かに食事ができるレストランが一～二店舗あったらよい。」などの意見。

4　清水屋空間づくり

つぎに「清水屋空間づくり」です。空間づくりに関しては、本やカフェなどの単語が多く出ました。また、百貨店での買い物を悩まずにできるコミュニケーションに関連する意見も多数述べられました。

以下、具体例をいくつか紹介します。「読書スペースのある本屋フロアの周りに本屋のスペースがあり、窓の近くに喫茶店のようなテーブルを設置し、ドリンクや軽食を販売する。本を購入後にそこでくつろぎながら読書、友達との会話、百貨店を歩きまわり休憩の場として提供する。」「噴水の利用、清水屋エントランス前の噴水周辺を利用した空間づくりを考える。季節に沿ったイベントを絡ませる、せっかくの人魚だけにかわいそう。」「本屋と連携しているカフェもしくはレストラン的なもの。若者は飲食店も欲しくて本屋も欲しい。そしておしゃれなカフェは出かけるだけで何かしらのステータスを感じる。」「一方ミセス世代は、井戸端会議ができる場所なおかつ雑誌というコミュニケーションツールを無料で読める。ただし、注文したお客さんのみ雑誌を読めるのが条件。」などの意見が出ました。

5　清水屋百貨店グルメ

つぎに「清水屋百貨店グルメ」に関して紹介させていただきます。こちらの回答は、たとえば、「食品コーナーの気に入ったお店の惣菜を好きなだけ店内で食べる。デパートの食材は美味しいものが多く、すべて味見したいという欲求に応えるしくみ。」「おしゃれなカフェ。生演奏付きも。家にいるような感覚もあればなお良い。」などは要求が高すぎる意見でもありました。

あとは「スイーツショップといってもケーキやお菓子を食べるだけでなく、お菓子やケーキのキーホルダーやデコグッズ、キャラクターぬいぐるみ文具。スイーツをモチーフとしたもの、スイーツをテーマにしたものを集めて可愛らしく装飾する。」などにいまのトレンドを感じました。

それから一つ、百貨店グルメの回答で、「庄内に出かけると必ず美味しいものが食べられると楽しみにしていた。庄内豚とか地元の野菜を使ったお店に魅力を感じる。清水屋では、イタリアン・フレンチ・日本食、ジャンルを問わず、庄内の特産品を用いたグルメパークをつくって欲しい。」という内容に注目しました。こちらは、山形県鶴岡市出身の女子学生の意見で、酒田市の隣の市出身学生からみた意見は、大変参考になるものでした。

6　清水屋百貨店ファッション

それでは「清水屋百貨店ファッション」について紹介させていただきます。こちらも先ほどの報告や討論で議論になった、百貨店スタイルに関連します。「高級感のある既存の百貨店」というものと、「渋谷109的空間とのバランス」を取り入れるべきという意見がよみとれました。

以下、具体的に紹介します。「一フロアすべて同一ブランドファッションだけにする。あるいは一つの属性だけに絞る。女性誌の～系のお店だけにして、困難であれば通販あつかいにする。若い女性たちにとって酒田でもリアル感覚で買い物ができるということで喜ぶ。」という専門ショップの提示。

「ファストブランドを入れることで地方の話題になるのでは。集客力はあると思う。このブランドは世代が広いために今までの客層も逃さないと思う。」「婦人服のコーナーに高い年齢層向けのブランドだけでなく、109に入っているようなブランド商品を配置する。」あらたな話題性のある店舗の誘致。

「百貨店のおもちゃ売場、子供服コーナーのフロアにも中高生向け、ディズニーやキディランド、アニメイトなどもあつかう。」「地元の女の子をモデルにしたファッションショーまたは写真撮影会・展覧会。モデルの女の子は大きな雑誌をみているような感覚になる。若者だけでなく、母親世代などのモデルも使う。」各世代の融合の取り組み。

あとは「雑誌直営のショップを清水屋の店内に置く。若者が望んでいるのは雑誌に掲載されているようなお店である。雑誌に載っている服や雑貨を直接買える店の存在。雑誌ネットショップから出てきたような〝ＪＪ・Ｓｈｏｐ〟〝Ｒａｙ・Ｓｈｏｐ〟など、～ブランドは問わず、その雑誌に載っているものを集める。」などのメディアとの連携は関心が高いようです。

7　清水屋イベント・アミューズメント

「清水屋イベント・アミューズメント」について説明します。このジャンルでは、親子やカップルでコミュニケーションがとれるようなイベントの提案が目立ちました。たとえば、「清水屋百貨店内にスペースを設け、流行になっている現象（モデル）、商品を紹介するコーナーを設置、定期的に内容を変える。」「市内中高生のサークル活動の場や舞台をつくり、若者や家族を呼ぶ。」「清水屋ガールズコレクション（ＳＧＬ）を開催。」「清水屋百貨店に若者向けファッション店を入れる。」「〝母と娘で楽しめるショッピング〟の形成。」「都会にあこがれをもつ若者向けに〝擬似東京〟をつくる。購買意欲が格段に上がる。定期的におこなえば清水屋のシンボルイベントになる。」「清水屋スイーツパラダイスをつくる、バイキングも可。地元でとれた野菜中心で経済効果にも。」など具体的な意見です。

8　ご当地エンタテインメント企画

ご当地エンタテインメント企画を紹介させていただきます。こちらでは、百貨店アイドルや清水屋オリジナルキャラクターづくりなど、清水屋をホームグラウンドとして発信していくという独自の意見が多数出ました。

「アイドルを店員にした百貨店にする。アイドルと話ができて買い物もできる。各フロアに配置した企画。」「酒田市を舞台に生活する女の子（または男の子）たちの日常を描いたマンガ・アニメをつくり、清水屋百貨店が聖地になれば出店したいと思う企業（ブランド）も増える。全国に向けて募集すれば、エントリーが必ずあるはず。」「〝酒田ミュージアム〟。酒田を舞台にした映画・ドラマ・小説などに関するすべてのグッズを集め、紹介・展示。ゆかりのある地元特産品も合わせて販売。」「〝清水屋キャラクターづくり〟。オリジナルのカワイイキャラクターをつくり、清水屋のＣＭや店内に飾る。動画配信もしてみる。」アイドルとキャラクター満載でした。

「〝刈屋ナシフェア〟。酒田のブランドフルーツの刈屋ナシに関するオリジナルフェアの開催。純粋に酒田の果物は〝刈屋ナシ〟、それを清水屋でイベントする。(40)」などです。

9　東京意識

最後に、どの回答にも必ず登場する「東京意識」について紹介させていただきます。

この回答は、東京を模倣する嗜好やスタイルを地元でも、という意識が中心です。

「各階のイメージを東京の街にする。ファッションフロア原宿、ミセスコーナー巣鴨、アニメ・サブカル系フロア中野、本屋は神保町、ＣＤ店などは高円寺や下北沢という風に、東京タワーと酒田の街を混ぜたような感じに。擬似東京空間をつくる。」というエンタテインメントも充実した企画でした。

(40) 二〇〇九年調査で、地元刈屋地区で生産された「刈屋ナシ」は酒田のおしゃれフルーツ。

「個人的に地元ではなく東京に行きたいのは、地元がダメだからでなく、東京に欲しいものがあるから。具体的にいえば、東京の店は品ぞろえがよい。清水屋には、ネットでも通販でも東京の注文と受け取りができるコーナーがあれば、若者だけではなく高齢者も便利なのではないか。」この意見は、ある意味若者の本音が示されているように思いました。(41)

この結果をみていきますと、やはり東京と比較するものではないと、報告でもありましたが、どうしても東京意識というものは欠くことのできない現実です。メディア環境は、若者のライフ・スタイルにもっとも影響を与えるものだと考えます。

以上、今回実施した、質的調査の中間報告の結果について、特徴と傾向をご紹介させていただきました。ありがとうございました。

第4節　大学生調査中間報告に対してフロアと学生

1　料理教室によるコミュニケーション空間の広がり

司会　では、ただいまの中間報告に関して、学生、ご参加いただいたフロアの皆さまのご意見を交えながら深めていきたいと思います。何かご意見がある方はいらっしゃいますでしょうか。よろしくお願いします。

フロア4　今回、多くの調査結果に目を通したなかで、とても興味深いなと思った意見は、総

(41) メディア環境を充足するエリア構築の必要性。

合的トピックにある、「友人どうし向けのバイキング形式の食事ができるレストラン。」という部分です。とても興味深く受けました。

そこから先を考えて、自分の意見をまとめると、清水屋さんの中にある空きスペースを有効に活用して料理教室を開いて欲しいと思いました。最近は、若者でも料理教室に通う人がとても増えています。若者とミセス世代の人が一緒に通うことで、親子間のコミュニケーションに近い場になるのではないかと考えました。料理のバリエーションも増え、お弁当づくりなど細かいことも理解できます。お互いが、恋人どうしのようなコミュニケーションの成立する空間として広がっていく可能性もあります。もしそのような環境が整っていたら、ぜひ料理教室に出かけてみたいと興味がわきました。以上です。

司会　ありがとうございます。いま料理教室という意見出ました。確かに周りでも料理教室に通っている人がおりますし、料理というのは会話をしながらできるものだと思うので、コミュニケーションという意味でもとても貴重な体験になると思います。たとえば、清水屋さんで料理教室をおこなうならば、どのようなテーマでやると面白いと考えますか。

フロア4　そうですね。私はあまり料理ができないので、カレーなど簡単な部分から教えてほしいです。母と一緒に通うとしたら、カレーからひと工夫加えたインドカレーやタイ風カレーなど、私も新しい知識を得られ、母も新しい知識が得られるという、二人で一緒に盛り上がれるような、そういう新しいレシピをどんどん教えてもらえたら嬉しいと思います。

司会　ありがとうございます。それは確かにすごく楽しそうだと思います。あと少し思ったのは、親子間のコミュニケーションということもそうですし、普段は家で料理をするというよりも、外に出かけて二人で料理をするという体験をするということも貴重だと思います。

また、酒田の伝統的な料理とか、地元の方の有名な料理や地元の味もあるかと思いますので、地元の年配の方が料理教室の先生になっていただいて、若い世代に教えるというのも面白いかなと思いましたが、いかがでしょうか。

フロア4　はい。とてもよい考えだと思います。祖母が岩手県に住んでいまして、そこで土地の特産品を使った煮物を作っています。私の母が作るのとは味が違うみたいな感じで、久しぶりに顔を合わせると指摘をされるというのがあります。そのためにも料理教室によって、しっかりと味を習い、親世代から子世代へ、子世代からそのまた下の世代へというように、きちんとした味を受け継いでいくことができると思います。そうすればよい流れができるのではないかと思いました。

司会　ありがとうございます。他に何か気になることはございますか。

2　メールやクーポンの配信システム

フロア4　もう一点、別のテーマで気になった部分があります。「システム全般」に記載されているのですが、百貨店独自のメールマガジンやクーポンを発行するという意見が出ていました。そういう百貨店側からの積極的な情報発信はとても重要ではないかと思いました。各種のイベントや催し物などを多くの人にアピールして興味をもってもらうことで買い物の目的がはっきりしていない場合でも足を運んでいただく大きなきっかけになるのではないかと考えました。そして、先ほどクーポンと申しましたが、清水屋内のレストランやフードのお店と連携してクーポンを発行することで、少しでも割引がきくということであれば若者も気軽に足を運んで、レストランやフードコーナーでゆっくりと友人どうしの楽しいコミュニケーションの時間が築けるのではないかと思いました。

私自身、飲食店のメールマガジンを登録しているのですが、やはりフェアのメールやクーポンのメールが届くたびにそわそわしてしまって、出かけようかどうしようかなと揺らぐ部分があります。若者にとってはそのような誘いというのはとても大きいと思います。結局、友人を誘って出かけていくことが多いので、影響力はあるのではないでしょうか。

司会 確かに、魅力的な商品があってもそれを知らずして出かける機会はないですね。まず、知ってもらうということが第一歩になると思います。ありがとうございました。他に何か意見など気になったところがございましたら、よろしくお願いします。

3 食事と百貨店グルメ、スイーツ専門店

フロア5 「清水屋百貨店グルメ」に注目していきたいと思います。食事は親子・友人どうしやカップルなど、どんな関係の人びとでも共有しながら、コミュニケーションをとるための大切な時間です。人間関係においても重要な役割を担っているのではないかと思っています。

今回の調査ではとくにスイーツに関する意見が多く寄せられています。私自身も甘いものが好きで、スイーツはよく食べるのですが、周りの友達や家族でスイーツを食べている時は、食事とはまた違った、ゆったりとした気分を味わえる特別なひと時です。酒田市に来て驚いたのは、レストランや喫茶店などの食事がリーズナブルでありかつ大変美味しいことでした。とりわけ果物が安くて新鮮で、東京では到底味わうことのできない値段で美味しい食材を堪

能できることにとても感動しました。

そこで、ご当地食材、とくに果物を使用し、清水屋百貨店にしかないスイーツ専門店をつくることが、百貨店の重要なオリジナル要素になると思います。こちらで地元の食材を使うことにより安全性はもちろん保証されますし、工夫次第で多くの人びとが注目する低カロリーの商品を提供できるのではないでしょうか。さらに、期間限定という言葉に弱い日本人の心をつかむ期間限定商品を提供することもいいのではと思っております。以上です。

司会 ありがとうございます。確かに、若い人や世代に関わらず女性はスイーツ好きだと思います。たとえば、都内でトマトだけを使った専門のスイーツ屋さんなどもありますように、「それだけを使った」というと、テレビで注目を浴びることもあります。ここですと、「刈屋ナシ」が代表ですね。とても美味しくて有名な果物が酒田にはあります。酒田だったら砂丘地いちご専門のスイーツ店で、いちごを使ったケーキやゼリーをつくると、テーマ性があってすごく面白いのではないかと思います。酒田のスイーツをメインとして考えるとしたら、どのようなものが面白いと思いますか。

フロア5 やはり、メロンであったり、刈屋ナシであったりなど、季節ごとに美味しい果物を収穫する地域です。期間限定でそれらを使ってデザートをつくるというのがすごくいいと思います。

司会 ありがとうございました。それでは、続いてのご質問よろしくお願いいたします。

4　地方の若者の東京意識

フロア6　若者の立場として、「東京意識」に注目しました。私も地方の出身のせいか、ここで取り上げられている意見に共感がもてるような気がします。やはり、地方に住む中高生は東京へのあこがれが強いです。

一つ意見のなかで、「東京に行きたいのは地方がだめだからではなく東京に欲しいものがあるから。」という指摘は、そのとおりだと思いました。プレ報告にもあったように、街に愛着がある酒田の高校生などにはよく当てはまるのではないでしょうか。高校生調査結果にも同じような声がほとんどだと聞きました。(42) ゆえに清水屋でも定期的に「東京展」のようなイベントを開くなど、中高生を呼び込むには格好の企画になるのでは。そこには友人どうしで誘い合い、友人間のコミュニケーションにもってこいと思います。以上です。

司会　ありがとうございます。長崎出身の学生がおります。あらためて長崎の百貨店というのは、どうみえましたか。

フロア7　そうですね。個人的な見方になりますが、正直、長崎の百貨店も人が少なくて、SCの方に人が多かったりします。酒田と大差はないように思います。今回の調査結果をみて、長崎の百貨店にも、清水屋と同じように取り入れたらいいという意見がたくさんありました。

司会　ありがとうございました。学生の立場ではSCなどに出かけることが多いということでしたが、長崎で百貨店だったらどのようなシーンでしょうか。

フロア7　長崎の百貨店は少し敷居が高いというイメージがあります。ブランドものが多くて、

(42) 仲川秀樹（二〇一〇年）、同上書、七〇－七一ページ。

友人とはちょっと出かけにくいです。やはり、親に何かを買ってもらうとか、そういう時に利用します。

司会　ありがとうございます。それもまた、親と子のコミュニケーションとして大切なきっかけになると思います。

討論2では、先ほど討論の場ではファッションについて主に質問していただいたのですが、親と子のコミュニケーションについては、いかがでしょうか。

5　親と子のファッションショーの意義

討論2　一つ思ったのは、総合的トピックのなかに登場した、「親と子のペアルックファッションショー」というのがとても印象に残りました。私のことですが、読者モデルをやっておりまして、そういうイベントなどにも参加する機会があります。百貨店に一人では出かけられないので、お母さんと一緒に来ましたとか、同じ雑誌の系統が好きな友達と来ましたとよくいわれます。そういう人たちのためにも、ファッションショーを開催する意味は大きいです。(43)まさに、親と子や友人どうしのコミュニケーションにつながるのではないかと思いました。

司会　ありがとうございます。実体験を交えたご意見で、とても参考になると思います。そうですね、確かに清水屋さんで取りあつかっているブランドなどで、お店の方々と一緒にファッションショーをやっていただければ、よい服や気に入った商品があればそちらで買ってみようとか、おもしろかったからつぎも観に出かけようということになると思いますし、すごく興味深い意見でした。ありがとうございます。

---

(43)　二〇一一年一〇月二三日「マリーン5清水屋ファッションショー」で企画。

報告者の方からは、興味や気になるところなど、何か意見などありますでしょうか。

6　ゲームコーナーのアミューズメント

報告1　調査のなかでいいなと思った意見は、イベント・アミューズメントの部分です。「ゲームコーナーに〝コスプリ〟を取り入れるとか、メイド服やちょっとしたネタになるコスチュームの貸出など。」という意見です。(44) ゲームコーナーにそのようなものがあったら、ちょっと入ってみたいなと思います。コスプレをしてプリクラを撮るというのはあまり機会のないことです。カップルでも、友人どうしでも、少し話題性のある興味のわくコーナーがあったら百貨店に出かけるもう一つのきっかけにもなります。

司会　ありがとうございます。確かに、とても話題性のあるテーマであります。若い人たちですとコスプレに興味がある方もいらっしゃると思います。たとえば、カップルで出かけるとしたら、どのようなコスプレをされますか。どのようなコスプレをしてみたいですか。

報告1　大学生になったら、制服を着る機会がなくなってしまったので、もう一度高校生の制服を着たいなと思います。

司会　そうですね（笑い）。ありがとうございました。

他に、フロアの皆さま方からも、何か気になる点ですとか、聞いてみたいことですとかありましたら、よろしくお願いいたします。この調査報告結果にはいろいろな意見が出てまいりました。よろしくお願いいたします。

フロア8　はい。先ほどのお話でプリクラの話題がありました。予備調査で酒田を訪れた時、

(44) コスプレでプリクラ撮影をする。

気になったことがありました。それはプリクラを撮っている中高生をみました。彼女たちはプリクラ撮影後、すぐバラバラに帰っていく姿に少しとまどいました。私が中高生の頃は、プリクラを撮ることも楽しかったのですが、その後にプリクラをみんなで見ながらワイワイして過ごす、そんな時間もすごく楽しく、とても大切な時間だったことを覚えています。

ここのゲームセンターをみて感じたのは、プリクラコーナーの横には殺風景な椅子と机しか置いてありませんでした。それでは会話を楽しみ、くつろげる空間ではないなという印象を受けました。せっかくプリクラを撮るために清水屋に足を運んだのに、目的だけ果たしてすぐ帰るというのは、すごくチャンスを逃している感じがして寂しいなと感じました。椅子と机そしてスペースもあります。そこをもう少し改善して、居心地のよい雰囲気づくりを心がけることで、中高生にとっても友人どうしのコミュニケーションを築ける場所になるのではないかなと思いました。

司会　ありがとうございます。確かにプリクラを撮るだけで帰ってしまうというのは（来店しているのに）もったいないと思います。やはり、ここまで足を運んだからには、プリクラ以外にも何か選択肢が必要ですね。先ほどの討論で、空間デザインという話があったのですが、それと同じで、何か工夫を一つすることで、プリクラをきっかけに何か広がる可能性もあるのではないでしょうか。ありがとうございます。

これまでフロアの学生からもさまざまな意見が出てまいりましたが、ご参加いただいている皆さまや、報告者、討論者の方からも自由に意見を頂戴したいと思います。いまの大学生調査報告に関して、感想や意見がありましたら、お願いいたします。

7 「109」的ショップの是非

フロア9 調査カテゴリーの「清水屋百貨店ファッション」のところで「清水屋に109を入れれば良い」という大学生の回答がありました。また、報告2でも109について言及されていました。それに関してですが、酒田よりもはるかに大きい宇都宮市、人口四〇万人から五〇万人ですけれども、そこに「宇都宮109」というのがオープンしました。しかし、オープンして間もなく、すぐやめました。なぜやめたか、分かる方はいらっしゃいますか。

司会 この質問について、報告2「ファッション・トレンド」で、よろしくお願いいたします。

報告2 その事実は存じ上げておりませんでした。仮説になってしまいますが、109は渋谷にあるから109で、別な場所で、単独で109をつくっても魅力がないように思います。

司会 プレ報告の方、分かりますか。

プレ報告 はい、私もその事実は存じていませんでした。同じく仮説ですが、そもそも若者が少ない地域に、109だけつくってしまったというのが原因ではないかと思います。それに宇都宮なら東京にも近いし、渋谷まで出かける楽しみもあるので、そこで買う必要はないように思います。

フロア10 原因は二つあります。一つは立地場所が悪かったこと。周りにファッションがない場所に建ったというのがあります。もう一つ、これが一番大きな理由なのですが、売っている店員さんが〝おしゃれ〟じゃなかったこと。「ダサイね」「ダサーッ、あんな店員から買いたくない」「じゃあ渋谷109に行こう」というお客さんが多かったのだそうです。

やはり、109で買うというのは、カリスマ店員から買いたい、またはカリスマ店員に会いたい、といったことがあると思います。ですから、もし酒田でやる場合、学生の皆さんのような〝カワイイ〟方が店員さんであればよいのでしょうが、あるいはイベントの時に店員を109から連れて来るといったことであれば成功するかもしれません。そうでなければ常設的にショップを開くというのは、ちょっとなかなか難しいかなと思います。以上です。

8　地域にあわせた百貨店づくり

司会　貴重なご意見、ありがとうございました。確かに、いまのご意見は参考になりました。渋谷の店員さんも有名で、それが購入の動機になることも大変理解できました。酒田の街にそのまま宇都宮のように109を引っ張ってくるというのでは、同じようになってしまう可能性もあると思います。ただ、酒田の場合、「109的なショップ」を一部清水屋さんにという提案なので、また別の要素はあると思います。難しい問題であると思いますが、すべてではなくても、地方には若者がそういう環境を求めていることはあると思います。それを酒田の地域性に合わせて少し取り入れることは、やはり必要であると思います。ありがとうございました。

それでは、そろそろ時間になりますので、質問の方はこれで終わりにさせていただきます。シンポジウムでは、たくさんの意見を頂戴しました。やはりポイントは、「コミュニケーションと」いう言葉ではないかと思います。報告にもありましたように、さまざまなコミュニケーションが成立する空間が存在するのは、百貨店の大きな特長ではないでしょうか。

百貨店の取り組みには、素人が最終的に何をやればよいとか、はっきりと言い切るのは難しい部分もあるとは思います。しかし、報告や意見を伺っている、いまからでもすぐに取り入れるものがあるのではないかという、期待がわきました。これからの清水屋が楽しみになってきました。

以上をもちまして、百貨店のトピックに関する大学生調査報告「地方都市の百貨店に必要なもの―中間報告―」を終わらせていただきます。

第5節　メディア環境の充実と百貨店環境

1　社会学の視点で考えた百貨店問題(45)

本日は、第3回中町シンポジウムにご参加賜わり、ありがとうございました。予想を超えた参加者になり大変嬉しく思っております。本当にありがとうございました。

シンポジウムを振り返りますと、あらためて個々の問題に対する対応を考えさせられました。個々の質問に対して、私たちは社会学の立場で継続している研究内容が多く、社会学から離れた場合の対応を今回は最初に学ぶことになりました。学生も教員も、どうしても社会学という枠のなかで考えて、社会学から導き出される理論的な帰結を求めるためのプロセスをふんで研究を続けております。したがって、他の隣接科学とか他の思考や方法論によって

(45)　著者による総括。

は、受けとめ方は当然異なります。シンポジウムの内容について、こちらの意図していない理解が生じても、受けとめ方が異なればその解答に対しても当然疑問が出てしまいます。今回の反省事項でした。社会学ではこうだからこういう展開になるということではなく、いろいろな領域の方々にそれを裏づける説明をできるようもっと勉強したいと思います。これは、学生より担当教員の指導に責任があることを言うまでもありません。今後はこうした課題を修正しながら進めてまいりたいと思います。

今回、選択した共通テーマにつきましては、中心市街地のあり方、商店街それに絡むＳＣの存在など、地方都市が長く抱えている問題が浮き彫りになる内容です。予想されたように厳しい見方が多々ありました。フロアの方には、「酒田を知らない人間が」という見方もあると思います。しかし、シンポジウムで取り上げたテーマ、とくに中心市街地という部分は時間をかけて何年も継続してきた研究領域です。過去に三度フィールドワークを実施し、予備調査だけでも一五回、学生たちも入れ替わり立ち替わり継続してから八年になります。一番多い学生で一年に三回酒田にきております。

また、本日の報告に対し、フロアから百貨店の定義とか表記の仕方とか、そのような部分に関しての前提や言葉の使い方が示されていないという指摘もありました。それもこれまでの研究で、中心市街地とは一体何なのか、中町の意味は何なのか、百貨店の意味は何なのか、というものを定義づけて報告してきました。したがって、本来ならば報告要旨のなかできちんと前提を出さなければいけないことも十分に理解しております。それは既に前回までに報告し、成果も発表したものですから、そこは省略しました。ご理解いただければと思います。

それから、百貨店の言葉の使い方、デパートの言葉の使い方、そして中合清水屋という使い方、複数の表記を用いることにフロアからの指摘がございました。これも本来であれば最初に申し上げるべき部分ではありますが、実は、これは黙認しております。中合清水屋という使い方もしているし、清水屋百貨店という使い方も清水屋デパートという言い方もしております。

そもそも、中合本社の各店の表記は、前面に街の名前や地域の名前を出さないで、そこに根ざしたネーミングを使用している特徴があります。中合酒田店とするところを、中合清水屋店としているのにも地元で長く馴染んできた清水屋の名前を使っています。これは中合のウリなのです。これは素晴らしいことだと思っています。中合の方針、中合のスタイルというのは、本当に「ふるさとの百貨店」というコピーを出して、そして東北を中心に百貨店を展開しています。そういう部分の有効性というのは、百貨店清水屋に根ざしていると思います。したがって本日の百貨店に関する複数の言い回しは、学生と教員の共通認識であることを付け加えさせていただきます。本来ならば学術的には、概念規定し、統一用語を用いるか、あるいは司会者が「今回はこういう言葉をいくつか並列して使います」という説明を入れてもよかったかもしれません。誤解を生じてしまったこと、それもまた担当教員の責任です。

それから、「とりあえず空間」の使い方にフロアから指摘をいただきました。百貨店とSCの目的についてもそうです。中町は中心市街地ではないという指摘もありました。これらの指摘は、今回の研究でも大事な問題だと思います。私は中町が中心市街地と思っています。中町に行けば、清水屋がある。ここをめざす。都市には必ずシンボルがある、シンボルをめざして人はその街に入る、シンボルの重要性です。学生たちは酒田市内SCや近隣の三川SCも検証しました。平日や休日の集客も比較しました。その結果、中心市街地は中町である。

酒田の文化はここにあると確信して、中心市街地研究をしております。たくさんの批判があると思いますが、一つでも問題解決のために、皆さんのご教示をいただければと思います。

もう一つの指摘に、予備調査で店舗を周り、「〇〇屋さんに人が入っていないからこの店に人はいないんだ、だから人がいない印象を受ける」とありました。そのような見方は全くしておりません。平日・週末そして休日、催事期間中など、多角的に検証を続けています。物見遊山のように酒田を訪れているような話もありましたが、何の援助も受けないで学生は必ず二回以上は酒田を訪れています。毎回、三泊四日の滞在です。交通費も宿泊費も経費は学生たちが自分たちで出しています。そして「中町で買い物しようね」「清水屋で買い物しよう。これ美味しいんだよね」ということで何年も継続してきた調査です。学生たちは、確かに地元の人ほど地元のことを知らないかもしれません。でも、客観的に東京の学生がこうして、議論して、つぎにどう対応したらよいかを考えることは必要なことだと思います。

2　メディア環境の充実と百貨店環境

二〇〇九年に実施した、酒田市内高校生八〇〇人調査の結果が、今回のシンポジウムの結論に大きくかかわることを申し上げたいと思います。高校生たちが中町に、清水屋に何を期待しますかという問いのトップは、ファッションや洋服のお店でした。その理由は女性誌などのトレンドに関心があり、それを購入したいということでした。「おしゃれとカワイイ」をメインにした調査でしたが、大都市の高校生と変わらないファッション意識がありながらも、それに応える環境がないという指摘は事実です。

その結果、〝おしゃれ〟な部分が中町には必要だと。その〝おしゃれ〟というのは109的なものであるとか、たとえば○○グルメ的なものやスターバックス的なものとかを指しています。つまりそれがメディア環境の充実そのものなのですね。そうした部分を中町や清水屋でカバーが可能なのかも含めて、大学生調査との関連づけで今後検証していく予定です。

中心市街地のシンボルを考えると、その街には必ず人が目的とする場所があります。別に東京の渋谷とか原宿の問題ではありません。新潟も仙台もそうです。中心市街地というのは中町であり、そのシンボルは清水屋だと思ったのですね。その清水屋をめぐる問題はこの数年、いろいろと言われてきました。ゆえにもう一度ここで中心市街地を見直すべきではないかと。

実は、二〇〇三年から中心市街地研究はずっと継続してやってきました。最初の研究テーマは「中心市街地の活性化」でした。いまは、活性化という言葉はもう使っておりません。そのつぎには「中心市街地の進化」という言葉を使いました。先ほど、フロアの方から、中町モールでもいろいろな試みがあると、中町の日のイベントも、この数年大きく変わってきているのもよく分かっております。多彩に中町は進化していると思うのですね。活性化とかいう言葉ではなく進化しながらです。そして、一昨年地元の若い子たちはどう考えているのだろうということで、地元の高校生に、〝おしゃれ〟と〝カワイイ〟とか、高校生の意識について調査をしました。

すべての答えは、メディア環境の充実、これに応える百貨店環境。(46) このバランスがすべてです。コンパクトな中心市街地にその機能を果たす空間を構築して欲しいということです。

二〇一一年の年明け、中合清水屋店撤退のニュースがマスコミを駆け抜け、地元では大変

(46) コンパクトシティ機能に不可欠な条件。

な衝撃を受けました。それから紆余曲折の一年間、オーナーのマリーン5によって、百貨店経営と清水屋の名前を引き継ぐ環境が進められ、そのあいだも、中合清水屋店ではなく、マリーン5清水屋として、チラシが打たれてまいりました。清水屋という言葉を使うことによって、清水屋は清水屋なのですが、その背景には中合もあるし、清水屋はデパートでもあるし、百貨店でもあります。

この問題が表面化して、学生たちと相談し、シンポジウムの共通テーマを百貨店問題にシフトしました。二〇一〇年春に、「中心市街地のシンボルを探す」を、「中心市街地シンボルのゆくえ」のテーマに替え、二〇一一年春から予備調査をくり返しました。清水屋を集中的に検証し、大学生百貨店調査も実施しました。二〇〇九年に酒田市内高校生八〇〇人に実施した量的調査結果はかなり役に立ちました。大学生調査と地元高校生調査の関係は、若者の百貨店や中心市街地離れの根拠となるデータを産出させました。同時に問題解決の根拠もたくさん見出せました。これらは、まとめて二〇一一年度末に出版する予定です。

ただ、やはりテーマは大きいです。研究に対していろんな声や批判も耳にします。解決策などないとはっきり言う人もかなりいます。しかし、酒田だけの問題はありません。社会の流れ、人びとの生活環境とライフ・スタイルの変化などの複雑な要因が重なり合っています。単純に研究だけでどうなるものでもありません。しかし、今回のシンポジムであらたな課題も多々みつかりました。研究は続けてまいります。

3 終わりのない研究テーマ

シンポジウム前日になる昨日、宿泊先のホテルに、今年三月に卒業し、いま東京ディズニーリゾートに勤務してOGから、後輩たちにメッセージと差し入れが届きました。ディズニーリゾートのお菓子でしたのでゼミ生たちは大変喜んでいました。メッセージには、「酒田の人たちはこういう人たちで、私たちも酒田が好きだから、後輩のみんなも酒田を愛して続けて研究してください」と。確かに、東京の学生たちです。ここ酒田には住んでいません。けれどもこういう形で酒田をみつめている卒業生もいることを誇りにしながら、研究は続けていきたいと思います。

「この研究テーマは終わらないね。」と地元の方に言われました。地方都市が抱える問題に社会学はどのように応えるか、社会学を専攻している人間にとっては大切なことです。いろいろなテーマがありますが、やはりいまは、中合清水屋、清水屋百貨店、マリーン5清水屋と親しまれて、この中心市街地に根ざしているシンボルのゆくえは重要な問題です。今年は毎週水曜日の午後、半日を費やしてこの問題をずっと議論してきました。試行錯誤しながら高校生調査を再分析し、大学生調査のカテゴリー分類などをくり返しました。それが今回のシンポジウムというかたちで未熟ながらも結実しました。

本日は、シンポジウムにおいでいただき、貴重なご意見をありがとうございました。今後も学生が酒田を訪れた時には、ぜひお声をかけていただいて、ご一緒に学生と議論する時間をつくっていただければ大変嬉しく思います。本当に本日はありがとうございました。

司会　これにて、二〇一一年第3回中町シンポジウムを終了させていただきます。長時間にわたり、ご出席の皆さまから貴重なご意見やご教示をいただき、まことにありがとうございました。ゼミ生一同、心より感謝申し上げます。

シンポジウム参考資料

これまでの酒田フィールドワークの活動と研究成果。

〈二〇〇三年フィールドワーク成果〉

○「地方都市活性化の試みと世代間にみる影響の流れ―酒田・中町商店街活性化プロジェクト意識をめぐって―」二〇〇三年度フィールドワーク研究報告書　二〇〇四年、日本大学文理学部

○『メディア文化の街とアイドル―酒田中町商店街「グリーン・ハウス」「ＳＨＩＰ」から中心市街地活性化へ―』二〇〇五年、学陽書房

〈二〇〇五年フィールドワーク成果〉

○『もう一つの地域社会論―酒田大火三〇年、「メディア文化の街」ふたたび―』二〇〇六年、学文社

〈二〇〇九年フィールドワーク成果〉

○『おしゃれとカワイイの社会学―酒田の街と都市の若者文化―』二〇一〇年、学文社

〈研究発表〉

○第一回中町シンポジウム

共通テーマ「メディア文化の街と商店街の進化」
二〇〇五年九月一八日（日） 酒田市まちづくりサロン
〇第二回中町シンポジウム
共通テーマ「〝おしゃれ〟と〝カワイイ〟スポットを探そう」
二〇〇九年九月二〇日（日） マリーン5清水屋イベントホール

〈屋外活動〉

〇女子大生〝カワイイ〟コレクション
二〇〇九年九月一九日（土） マリーン5清水屋催事場

〈高校生調査・高校生意見交換〉

〇酒田南高等学校調査
二〇〇三年九月一二日（金）、二〇〇五年九月一六日（金）
〇酒田東高等学校調査
二〇〇九年九月一八日（金）、一〇月一九日（月）
〇酒田商業高等学校調査
二〇〇九年九月一八日（金）、一〇月一九日（月）
〇酒田西高等学校調査
二〇〇九年七月六日（月）、一〇月一九日（月）、一〇月二一日（水）

結び

コンパクトシティの鍵を握る百貨店「マリーン5清水屋」

1 地方アイドル「SHIP」とアキバ発「AKB48」に共通する地域性

月刊『サイゾー』の特集記事、「メディアが報じたAKB48」のカテゴリーに、ロケーションから考えるアイドルビジネス」というのがあった。[1] 秋葉原のオタク文化が育んだ地方アイドルとAKB48の類似点の記事だ。編集部のライターの質問に著者が答え、それをライター自身がまとめた内容である。

「アキバ（AK・iBa）という秋葉原の略称の頭文字から名付けられたAKB48は、AKB劇場に〝会いに行ける〟という秋葉原に根差したアイドルだ。こうした地域密着型のアイドルといえば、商工会や商店街が地場産業活性化のために結成させた地方アイドルの存在があげられる。

ロコドル（ローカルアイドルの略）や地ドル（地方アイドルの略）とも呼ばれ、山形県酒田市の「SHIP」や新潟県の「Negicco」、広島県の「サンフラワー」など、ここ数年間で多くの地方アイドルが生まれた。

(1) 『月刊サイゾー一〇月号』、二〇一〇年、七七ページ。インフォバーン。

「地方アイドルも、秋葉原での劇場活動が根底にあるＡＫＢ48と同じく、地域内での活動がほとんど。しかし、彼女たちの人気や成長ではなく、地域活性化を目的とした地ドルの活動は、最初こそ盛り上がりますが、次第に地域住民の愛着や関心は薄れていきます」（著者コメント）

「そのため、メンバーのモチベーションを維持するのが難しかったり、東京の芸能プロからスカウトされるという側面もあり、ほとんどのプロジェクトは成果を上げないまま消滅していきました」（著者コメント）

だが、山形県酒田市の〝ＳＨＩＰ〟は、ほかの地ドルとは異なり、最も成功を収めた事例。

「酒田市には、酒田大火で焼失するまでの一九四九年～七六年の二七年間、『グリーン・ハウス』という映画館がありました。これは、小劇場『シネサロン』や貸切用の『和洋特別室』など、当時としては先進的なサービスを実施して、映画評論家の淀川長治氏に『世界一の映画館』と言わしめた映画館です。他県どころか、世界でも類をみない映画施設が身近にあり、酒田市自体が質の高い娯楽施設を所有していたわけですが、それにより市民も新しい娯楽を受け入れる寛容さを持ち合わせていました。こうした都市カルチャーは『メディア文化』と呼ばれていますが、これにより新しく生まれた娯楽である『ＳＨＩＰ』を受け入れ、彼女たちへの興味や関心が長続きし、このプロジェクトは一定の成果を上げることに成功しました」（著者コメント）

こうして特定の都市とメディア文化の関連性は、秋葉原という街とＡＫＢに当てはまると。

「五〇年代半ばから始まった高度経済成長時代に電気街としてスタートして以降、秋葉原は時代ごとに発生したオタク的な事象を取り込んできたという歴史があります。その結果、電気機器の量販店やレコード店、ゲームショップやアニメショップ、メイド喫茶など、それぞれの趣味を持つ人たちが集う街として発展しました。これが秋葉原の文化交流の場として機能し、新しい娯楽を受け入れやすい土壌が作られ、メディア文化が育ったわけです。ＡＫＢが秋葉原の住民に受け入れられ、アイドルとして成功した理由には、こうした文化が育った土地に、アイドルビジネスとして持ち込んだことが上げられます」（著者コメント）

秋葉原におけるＡＫＢの成功は、ある種、酒田市のＳＨＩＰと同様だったというわけだ。また、〝秋葉原の住人〟の心理も、ＡＫＢブームの盛り上がりにひと役買っている。

「人間には、街にシンボリックな存在を作りたがるという傾向があります。例えば、渋谷なら『１０９』や『ハチ公像』、原宿なら『ラフォーレ』、新宿なら『都庁』や『スタジオアルタ』などです。その街の象徴的なものです。街を訪れるときにはショッピングやデートといった、何かの動機があって、それを充たす条件がシンボリックなものになっていくことも多い。秋葉原に集う若者たちが新しいシンボリックなものを求めたとき、街に浸透してきたＡＫＢというグループは無視できない存在だったはずです」（著者コメント）

秋葉原の小劇場からスタートしたＡＫＢは、今や国民的アイドルの地位まで上り詰めたのだが、地ドルとの類似点が多いことも見逃せない。ただ、「全国区のＡＫＢ」と「地域限定の地ドル」の決定的な違いは、秋元康氏のプロデュース力と電通による大掛かりなプロモーションが存在したという側面があることも、またひとつの事実ではあろう。

この特集にあるように、メディア文化が根差す街はいくつか存在する。娯楽性（エンタテインメント）に長けている、つまり伝統的なメディア文化が内在している街である。本書で対象としている酒田市の中心市街地中町商店街には、「グリーン・ハウス」というメディア・スポットがあった。ここから発信した文化は、伝統的メディア文化の「酒田舞娘」そして現代的メディ

ア文化としての「ＳＨＩＰ」などにみることができた。(2)

2　おしゃれとカワイイを演出

メディア文化の街として位置づけた中町商店街、かつてこの伝統的ストリートは、「中町ファッション」をして出かけるエリアだった。(3) いまでも、酒田市内の人たちは、中町にいってくるといい、少しおしゃれをして出かける傾向がある。周辺郡部から中町をめざす場合、「街にいってくる」というのは、中町を指した。非日常的な場所として、中心市街地の面目を保っている。

しかし、ある一定の年齢層には、中町がおしゃれであっても、中高生を中心とした若者は、中町に対してなかなか厳しいものがあった。

二〇〇九年に実施した高校生調査の結果だが、①「中町商店街に出かける」と答えた高校生は、四九・七％（よく出かける七・七％。出かける四二・〇％）となった。これは②「中町商店街に出かけない」四九・七％と同じ数字であった。

③「中町にいく頻度」は週に一回で、五九・七％。週に二回で、二〇・二％。平均すると一週あたり、一・九回出かけることになる。④月でみると月に一回は、三〇・七％。月に二回は、三二・三％。月に三回は、二四・四％。平均すると月あたり、二・七回である。意外な数字かもしれない。

⑤「中町に出かける目的」は、「買い物」三六・五％。「モアレ」一一・〇％。「清水屋＋モアレ」五・五％。「清水屋」五・〇％。(4)

(2) 仲川秀樹、二〇〇六年、『もう一つの地域社会論―酒田大火三〇年、メディア文化の街ふたたび―』学文社、二〇三ページ。

(3) 仲川秀樹、二〇〇五年、『メディア文化の街とアイドル―酒田中町商店街「グリーン・ハウス」「ＳＨＩＰ」から中心市街地活性化へ―』学陽書房、五一ページ。

(4) 仲川秀樹、二〇一〇年、『おしゃれとカワイイの社会学―酒田の街と都市の若者文化―』学文社、六四ページ。

中町に若者はいないと思われがちだが、エリア観測をすれば、平日は制服姿をみかけるし、週末は部活動帰り（制服）、休日は私服と部活動帰り（制服または運動着）の中高生は、圧倒的に「モアレ」でみることができる。

⑥「中町に出かけない理由は何か」、「行く用事がない」三七・四％。「行きたいお店がない」一三・四％。「何もないから」一〇・二％と回答した。少数だが、「若者向けでないから」という答えもあった。(5)

若者の中心商店街離れ、その背景にあるのは、中町には「出かける意味がない」「必要なものがない」つまり「若者の欲求に応えるお店がない」のである。「モアレ」が人気なのは、若者の欲求に応えているからに他ならない。「ジェラート」イコール「おしゃれ」、このイメージは、中町では完全に定着しているとみる。

女子高生に限定した調査結果をみる。⑦「中町商店街に新規のショップがオープンするとしたら、どんなお店を希望するか」を聴いた。「ファッションのお店」三〇・三％。「若者向けの洋服店」三・七％。「１０９的なお店」三・五％。約四〇％に近い数字が、ファッション関係であった。それに「若者向けのお店」三・三％。「おしゃれな店」一・四％を加えると、四〇％を超える数字である。(6)

若者は何を望んでいるのか、どのような空間をめざしているか、「結論は難しくない」とみる。なぜなら、それに（おしゃれとカワイイ）応える可能性をもつ空間が「百貨店」だからである。ただし、若者のみを限定するのではないが。それには意味がある。(7)

---

(5) 同上書、六五ページ。

(6) 同上書、七四ページ。

(7) 同上書、六五ページ。

3 「清水屋」ファッションショー開催

おしゃれやトレンドにあこがれる若者たち。酒田の女子高生たちが読む女性誌は大都市と変わらないことが分かった。『Ｐｏｐｔｅｅｎ』一二・一％。『ＳＥＶＥＮＴＥＥＮ』一一・五％。両誌がトップで並んだ。バランスのいい数字だと思う。『Ｐｏｐｔｅｅｎ』は、首都圏で中高生向けのおしゃれなギャル雑誌、『ＳＥＶＥＮＴＥＥＮ』は、ファッションからライフ・スタイルまで幅広くカバーするオーソドックスな雑誌。

ダントツ二誌に遅れて、『Ｚｉｐｐｅｒ』六・八％。『ｎｏｎ-ｎｏ』『ＫＥＲＡ』共に、四・一％。『ＣＵＴｉＥ』三・六％。『ＪＥＬＬＹ』三・〇％。『ｓｏｕｐ』二・五％。『Ｒａｎｚｕｋｉ』一・九％。『ｅｇｇ』『ＪＵＮＯＮ』『ｍｉｎｉ』がそれぞれ一・一％。(8)

以上の主要女性誌で五〇％ほどになった。このラインアップに沿った数字は、酒田の女子高生は首都圏の高校生とトレンド意識に違いのないことが明確である。それなのにそれに応える環境は中町にはなく、しかし中町に求めたい彼女たちの意識は重要である。

ファッション・トレンドはやはり「百貨店」で、それを象徴するかのように、二〇一〇年の秋、「マリーン5清水屋」ファッションショーが、3Ｆ特設フロアにて開催された。2Ｆヤングカジュアル、3Ｆミセスの主要ブランドの商品をショップ定員が自らファッションモデルになり登場した。画期的なイベントとなった。(9)

そして二〇一一年秋、「Ｍａｒｉｎｅ5　Ｓｈｉｍｉｚｕｙａ　ＷＩＮＴＥＲ　ＣＯＬＬＥＣＴＩＯＮ　ＦＡＳＨＩＯＮ　ＳＨＯＷ」―冬のファッションショー―　と題して、「マリーン5清水屋」

(8) 同上書、七九ページ。

(9) 二〇一〇年一〇月三一日(日)、一三時オープニング。

3F特設会場にて開かれた。昨年に続いて、第二回となるファッションショーは、イス席もいっぱいになり、立ち見客も出て盛況だった。ファッション・トレンドも、一九ブランドのステージになり、モデルもショップ店員以外に清水屋のスタッフもステージにあがり、拍手が絶えなかった(10)。

とくに、登場ブランドはミセスだけではなく、ヤング向けなどバランスのある魅力的なものだった。主な登場ブランドは、「PAGEBOY」(ページボーイ)、「COCO DEAL」(ココディール)、「EAST BOY」(イーストボーイ コメット)、「garde-robe」(ガルドローブ)、「スーリー(KIDS)」「glass Line」(グラスライン)、「miki HOUSE」(ミキハウス キッズ)、「K組曲」「TRIOLET」(トリオレ)、「23区」「STUDIO INTERMEZZO」(インターメッツオ)、「INED」(イネド)「gotairiku 五大陸」「Intelie」(インテリエ)「MARHEN MAMIU」(メルヘン・マミュウ)、「Saint Joie」(サンジョア)、「AVENUE」(アヴェニュー)「CHRISTIAN AUJARD」(クリスチャン・オジャール)などであった。

有名ブランドの新作を紹介するショーは、非日常的な演出である。日常の商店街があり、日常にプラスした空間を提供するそれが「百貨店」の価値であろう。中心市街地のなかで、トレンド環境も味わえる、コンパクトシティのメディア文化的部分の一部である。

若者たちが望むファッション・トレンドはこうしたイベントの積み重ねにある。それを告知しながら、中心市街地をおしゃれな演出でより広い世代に応えようとする。「清水屋ファッションショー」開催の意味は大きい。

---

(10) 二〇一一年一〇月二三日(日)、一四時オープニング。

4 コンパクトシティの鍵を握る百貨店「マリーン5清水屋」

長いあいだ、酒田の街では「清水屋」を百貨店として認知してきた。中町には「清水屋」がある。デパートがある。これは当たり前のように語られてきた。二〇一〇年~二〇一一年のフィールドワーク共通テーマ「中心市街地のシンボルを探す」「中心市街地のシンボルのゆくえ」は、まさに酒田のデパート「清水屋」をさしていた。

酒田大火、郊外SC、若者の中心市街地離れ、中町商店街の衰退、いろんなコピーがあってもその中心にあるのは百貨店の「清水屋」であった。その「清水屋」の経営危機や存続問題、冬の時代という過程をたどりながら、「清水屋」撤退報道と表明が短期間でなされ、その後のゆくえに大きな関心が示された。厳しい条件があり、厳しい環境に覆い尽くされながらも、本来の百貨店にもどろうという「清水屋からの答え」が出された。マスコミ各紙で報道された成澤五一社長のコメントである。(11)

コンパクトシティを構築する環境は整っている。あとは、エンタテインメント環境を完備する百貨店機能が備われば完結する。その鍵をにぎっているのは、「マリーン5清水屋」である。中心市街地再生のキーもここにある。

5 「清水屋」を帰結とする

一九七〇年代、酒田に「グリーン・ハウス」という洋画専門館があったころ。学校帰りに、「グ

(11) 本書、第2章第4節を参照。

リーン・ハウス」に立ち寄り、「シネサロン」で映画をみるか、予定表をもらって帰る、それが日課のようだった。中高生の時代、こと映画に関しては、大都市とタイムラグのない環境にいたことは大きなプライドとなり、東京に出ても、メディア環境に関しては余裕のある学生生活を送ることができた(12)。

二〇一一年、「グリーン・ハウス」が焼失してから、三五年が過ぎた。いまなお当時のメディア文化の街にいた気持と変わりはない。中町にはメディア環境のシンボルがあったことを疑いのない事実ととらえている。

まだ小学生だった頃、「清水屋」がパイレーツビルにあった頃、食堂でお子様ランチを食べた。シルバーのプレートに盛り付けされていた料理の数々。子どもながらにシルバーのプレートに強い印象を受けた。

当時の「清水屋」の屋上には遊園地があり、飛行機の乗り物があった。飛行機が動くと屋上で旋回し、一部は屋上の外に出た。いま思えば画期的なつくりだった。先日、「清水屋」関係者との会合の場で、その屋上の飛行機が話題となり、懐かしい話になった。

「清水屋」での〝シルバーのプレート〟と〝屋上の飛行機〟は、当時、デパートのある街だからこそ体験できた。素晴らしい誇りのある記憶となった(13)。

中心市街地にはデパートがあった。中町商店街にはデパートがある。中心市街地に出かけることは「清水屋」をめざすことであった。中心市街地のシンボルは「清水屋」。

中町は、「清水屋」を帰結とする。

---

(12) 仲川秀樹(二〇〇六年)、前掲書、二一ページ。

(13) 仲川秀樹(二〇〇五年)、前掲書、四四ページ。

索　引

た　行

な　行

は　行

ま　行

や　行

ら　行

〈参考文献〉

・仲川秀樹、二〇〇二年、『サブカルチャー社会学』学陽書房
・仲川秀樹、二〇〇五年、『メディア文化の街とアイドル―酒田中町商店街「グリーン・ハウス」「SHIP」から中心市街地活性化へ―』学陽書房
・仲川秀樹、二〇〇六年、『もう一つの地域社会論―酒田大火三〇年、メディア文化の街ふたたび―』学文社
・仲川秀樹、二〇一〇年、『おしゃれとカワイイの社会学―酒田の街と都市の若者文化―』学文社

著者紹介

仲川　秀樹（なかがわ　ひでき）

1958 年　山形県酒田市出身
1983 年　日本大学法学部新聞学科卒業
1988 年　日本大学大学院文学研究科社会学専攻博士後期課程満期退学

現　在　日本大学文理学部教授
　　　　大妻女子大学講師
専　攻　マス・コミュニケーション論，メディア文化論，社会学理論

単　著　『おしゃれとカワイイの社会学』学文社，2010 年
　　　　『もう一つの地域社会論』学文社，2006 年
　　　　『メディア文化の街とアイドル』学陽書房，2005 年
　　　　『サブカルチャー社会学』学陽書房，2002 年
共　著　『メディアとジャーナリズムの理論』同友館，2011 年
　　　　『マス・コミュニケーション論』学文社，2004 年
　　　　『情報社会をみる』学文社，2000 年
　　　　『人間生活の理論と構造』学文社，1999 年
　　　　『現代社会の理論と視角』学文社，1995 年

コンパクトシティと百貨店の社会学
―酒田「マリーン５清水屋」をキーにした中心市街地再生―

2012 年 2 月 10 日　第一版第一刷発行

著　者　仲　川　秀　樹
発行所　株式会社　学　文　社
発行者　田　中　千　津　子

東京都目黒区下目黒 3－6－1
〒 153-0064　電話（03）3715-1501（代表）　振替　00130-9-98842
http://www.gakubunsha.com

落丁，乱丁本は，本社にてお取り替えします。　印刷／新灯印刷株式会社
定価は，売上カード，カバーに表示してあります。　＜検印省略＞

ISBN978-4-7620-2249-4